SARAH EGNER & MICHI LEBER

DAS YOUTUBER JAHRBUCH

powered by STARSTUBE

Community EDITIONS

IMPRESSUM

Das YouTuber Jahrbuch

MIX
Papier aus verantwortungsvollen Quellen
FSC® C106632
www.fsc.org

Reinoldstraße 6
50676 Köln

Layout & Design: Sarah Egner, Nicol Makula
Texte & Redaktion: Sarah Egner, Pachuco Hernández, Michi Leber
Satz: Sabine Vonderstein
Umschlaggestaltung und StarsTube-Logo: Sarah Egner

Gesamtherstellung: Community Editions GmbH

ISBN 978-3-96096-018-8

Printed in Poland

www.community-editions.de

INHALT

SARAH EGNER

Konzeption, Recherche, Design

Was hat dir bei deiner Aufgabe am meisten Spaß gemacht?

Ich begeistere mich seit 11 Jahren für YouTube – es dann auch noch in mein eigenes Baby einfließen zu lassen, macht mich irrsinnig glücklich. Ich lebe hier meine Träume, auch wenn ein normaler StarsTube-Arbeitstag jegliche Norm an Arbeitsstunden sprengt. Das Designen, die nötige Kreativität, YouTube ... hier ist alles vereint, was ich liebe. Und genau deshalb brenne ich für mein Projekt.

Was war dabei die größte Herausforderung?

Es fiel mir irrsinnig schwer, alle Aufgabengebiete unter einen Hut zu bekommen - dabei ist es mir dann oft passiert, dass ich mich selbst verzettelt habe. Der Drang zum Perfektionismus war leider auch oft mein Feind - ich wollte das Buch nicht nur gut machen, sondern immer noch besser, als es am Vortag war.

PACHUCO

Recherche, Texte, gute Laune

Was hat dir bei deiner Aufgabe am meisten Spaß gemacht?

Es war schon ziemlich geil, so viele neue YouTuber zu entdecken und die Texte dann so schreiben zu dürfen, wie ich auch mit den Leuten reden würde. Aber am allermeisten freue ich mich darüber, dass das Buch draußen ist und ihr alle das komische Geräusch lesen könnt, das ich jetzt hier hinschreibe: aatschiplumm!

Was war dabei die größte Herausforderung?

Sarah und ich hatten immer viel zu tun und mussten oft telefonieren, um uns abzustimmen. Am schwierigsten war es für mich, nicht mit ihr zu eskalieren. Teilweise haben wir statt zehn Minuten eine Stunde lang telefoniert, weil wir uns so gut verstehen :D Unsere Gespräche kurz zu halten war echt hart.

MICHI LEBER

Bildrecherche, Back-End

Was hat dir bei deiner Aufgabe am meisten Spaß gemacht?

Am meisten Spaß hatte ich persönlich während der Phase der Verlags-Akquise und an den Arbeiten im Hintergrund des Projektes.

Was war dabei die größte Herausforderung?

Für mich war die größte Herausforderung des diesjährigen Jahrbuch-Projekts, den Stil/Flair des so gelungenen StarsTube-Magazins in ein Buch zu übertragen und dementsprechend über die Auswahl der Inhalte zu diskutieren.

VERLAG

Projektmanagement, Rechte

Community EDITIONS

Was hat euch bei eurer Aufgabe am meisten Spaß gemacht?

Am meisten Spaß hat es gemacht, über Videos zu stolpern, von denen man bis dahin gar nichts mitbekommen hatte, die einen aber total umgehauen haben. Mal, weil man Tränen gelacht hat, mal, weil man einen richtigen Kloß im Hals hatte. YouTube hat so viel mehr zu bieten als Pranks und Challenges. Und es tut gut, sich daran zu erinnern.

Was war dabei die größte Herausforderung?

Die Koordination von nicht nur einem Text, sondern von vielen hundert kleinen Texten mit vielen hundert dazugehörigen Bildern, an denen mehrere Menschen mit unterschiedlichen Tools und unterschiedlichen Arbeitsrhythmen (Tag/Nacht) parallel gesessen haben. Hier den Überblick zu behalten war eine Aufgabe, der eine ganze Armee von Klebezetteln zum Opfer gefallen ist. RIP!

HALLO!

@starstube_sarah

Schön, dass du das allererste YouTuber Jahrbuch – powered by StarsTube in den Händen hältst!

StarsTube ist wieder am Start! Nach dem großartigen Erfolg des YouTube-Magazins gehen wir hiermit den nächsten Schritt. Ein Jahrbuch, das zusammenfasst, was zwischen Januar 2016 und Mai 2017 so alles passiert ist. Monat für Monat lassen wir hier die Szene mit all ihren großen und kleinen Highlights, aktuellen Collabs, lustigen und prägenden YouTuber-Zitaten, trendenden Hashtags und zahllosen Bildern Revue passieren.

Dabei bleiben wir dem StarsTube-Motto treu: Keine Negativität, kein Clickbait und keine roten Kreise! Genau dafür war das Magazin StarsTube immer bekannt und deswegen war es in der Community und bei den YouTubern so beliebt.

Im Jahrbuch wirst du nicht nur die ganz Großen finden, sondern hoffentlich auch den einen oder anderen YouTuber, den du vorher nicht gekannt hast. Wir wollten den Fokus nämlich auch auf kleinere Kanäle legen, die sehenswerten Content produzieren. Eine bunte Mischung also!

Damit du den Überblick darüber behältst, wann welches Ereignis stattgefunden hat, findest du auf den folgenden Seiten viele kleine graue Timestamps. Wenn ein Datum nicht ganz klar war, dann haben wir uns meist für das Datum des Videouploads entschieden. Nur in ganz wenigen Fällen haben wir auf einen Timestamp verzichtet, wenn es beispielsweise um längere Zeiträume geht oder nicht zweifelsfrei rauszukriegen war, an welchem Tag etwas geschehen ist. Wenn also mal ein Datum fehlt, ist das Absicht! ;)

Dir wird bestimmt auch auffallen, dass wir das Buch mit seeeehr vielen Screenshots bebildert haben. Wir wollten immer exakt den Moment festhalten, der thematisiert wird – genau aus jenem Video, über das wir gerade berichten. Die Bebilderung sollte so authentisch wie möglich sein, sodass du dich vielleicht schon anhand der Videoaufmachung sofort wieder an das entsprechendem Ereignis erinnern kannst. Momentaufnahmen eben.

Natürlich hätten wir noch zig weitere Bücher mit Ereignissen füllen können, aber viel zu schnell waren die 160 Seiten voll! Wenn du daher ein Ereignis vermisst, sieh es uns bitte nach. Es ist einfach zu viel passiert! :D An dieser Stelle ist daher auch ein Dank angebracht: Danke an alle YouTuber für die Leidenschaft, die sie in ihre Arbeit stecken. Ihr habt es uns extrem schwer gemacht, uns zu entscheiden!

1,5 Jahre hat uns dieses Projekt nun begleitet. Zeit, Schweiß, Energie, Liebe und Leidenschaft sind hineingeflossen. Getreu dem Motto "von der Community für die Community" waren hier echte YouTube-Fans am Werk, die die Szene leben, statt nur einem Trend nachzugehen. Wir hoffen, das Ergebnis gefällt euch und ihr habt Freude daran, zusammen mit uns in Erinnerungen zu schwelgen. Bei der Schnelllebigkeit von YouTube tut es zwischendurch gut, auch mal innezuhalten. Wir wünschen euch schöne Lesestunden, in denen ihr die vergangenen Highlights der letzten Monate und Jahre noch einmal aufleben lasst! Auf geht's!

NERDFACTS
über youtube

IN DEUTSCHLAND IST YOUTUBE DIE REICHWEITENSTÄRKSTE VIDEOPLATTFORM

DAS ÄLTESTE KATZENVIDEO AUF YOUTUBE WURDE IM JAHR 1894 AUFGENOMMEN
Es zeigt zwei Katzen mit Boxhandschuhen in einem Boxring. :D

YOUTUBE HAT MOMENTAN ÜBER EINE MILLIARDEN NUTZER
Fast ein Drittel aller Menschen mit Internetzugriff nutzen die Website!

YouTube wurde im Jahr 2005 gegründet

MEHR ALS DIE HÄLFTE ALLER YOUTUBE VIDEOAUFRUFE WERDEN DURCH MOBILGERÄTE ERZEUGT

AN MOBILGERÄTEN BETRÄGT DIE DURCHSCHNITTLICHE WIEDERGABEZEIT PRO SITZUNG ÜBER 40 MINUTEN

DAS VIDEO 'GANGNAM STYLE' VON PSY WURDE BIS ZUM JANUAR 2016 INSGESAMT 2500 MILLIONEN MAL AUFGERUFEN! – 2.500.000.000 AUFRUFE! 2,5 MILLIARDEN AUFRUFE! Bei einer Weltbevölkerung von 7,4 Milliarden Menschen könnte das Video theoretisch jeder dritte Mensch weltweit gesehen haben. Das Video wurde so oft angesehen, dass der Aufruf-Zähler die große Zahl nicht mehr korrekt wiedergeben konnte und die YouTube Entwickler daher den Counter updaten mussten! :D

80% DER VIDEOAUFRUFE AUF YOUTUBE STAMMEN VON NUTZERN AUSSERHALB DER USA

18 MONATE, NACHDEM YOUTUBE GEGRÜNDET WURDE, KAUFTE GOOGLE DIE FIRMA FÜR 1,65 MILLIARDEN US DOLLAR!

YOUTUBES OBERFLÄCHE IST IN ÜBER 75 SPRACHEN VERFÜGBAR –
damit kann sie von über 95% der Menschen verwendet werden, die das Internet nutzen!

NERDFACTS
Team StarsTube

456 EREIGNISSE IM BUCH

137 EREIGNISSE, DIE WIR ARCHIVIERT & WIEDER VERWORFEN HABEN

19 MONATE ZWISCHEN IDEE, UMSETZUNG & DRUCKABGABE

16 STUNDEN – LÄNGSTE DAUER, DIE IN DIE GESTALTUNG EINER DOPPEL-SEITE INVESTIERT WURDE

30.364 WÖRTER ZU LESEN
(HIGHLIGHTSEITEN JANUAR 2016 – MAI 2017)

3 TOOLS ZUM ARBEITEN + 4 KANÄLE,
DIE STETS AUFEINANDER ABZUSTIMMEN WAREN. :D
(PHOTOSHOP, INDESIGN, TRELLO, SCRIBBLES, EXCEL BILDFREIGABELISTE, GOOGLE DOCS, MAILS)

862 E-MAILS ZWISCHEN VERLAG & TEAM STARSTUBE

(Die Suche ergab 862 Treffer)

82 – DIE MEISTEN SCREENSHOTS, DIE FÜR EIN EREIGNIS ZUR AUSWAHL HINTERLEGT WURDEN

26 STUNDEN – LÄNGSTER NON-STOP ARBEITS'TAG' AM BUCH

4 STUNDEN – LÄNGSTE GEMEINSAME SKYPE-KONFERENZ

103,50 – HÖCHSTE HANDYRECHNUNG INNERHALB 2 WOCHEN VOLLER TELEFONATE MIT DEM VERLAG :D

20% Umsatzsteuer von € 86,25	17,25
Rechnungsbetrag brutto	**103,50**

892 KANÄLE ALS INPUT ABONNIERT

Abos verwalten
892 Abos

ZWISCHEN 546 & 4,6 MILLIONEN ABONNENTEN

NERVEN VERLOREN & HAARE GERAUFT: UNENDLICH!

IM JULI 2015 WURDEN DURCHSCHNITTLICH 400 STUNDEN VIDEO-MATERIAL PRO MINUTE HOCHGELADEN!
Jede Stunde kamen damit 24.000 Stunden Videomaterial hinzu. Täglich also fast 600.000 Stunden an Videos.

JAN

2016

UAR

TREES OF LIFE – YOUTUBER RETTEN DEN REGENWALD

Gemeinsam mit ihren Communities schaffen YouTuber immer wieder Unglaubliches. Melina Sophie, Cheng Loew, Barbierella und noch viele mehr kämpfen gemeinsam für den Erhalt des Regenwaldes auf Madagaskar, der bereits zu 90% abgeholzt wurde. Sie vereinen die Macht ihrer Communities so für einen guten Zweck. Allein Melina, Cheng, Barbierella und deren Follower konnten bis heute (2017) dafür sorgen, dass mehr als 3.400 Bäume neu gepflanzt wurden. Geile Sache, Daumen hoch für diese Aktion. Wer ebenfalls etwas beitragen möchte, kann sich gern auf der Seite von „Trees of Life" schlaumachen.

SCHLECHTE IDEEN FÜR WG WARS

Wer kennt das Format „WG Wars" von BullshitTV? Darin pranken sich C-Bas, Phil und Chris gegenseitig. Die Jungs legen jetzt noch einen drauf und zeigen auch Folgen, in denen die „schlechtesten WG Wars Ideen" aus der Community präsentiert werden.
Und von der kommen schon echt schräge, aber eben auch richtig lustige Vorschläge für das erfolgreiche Format.

Idee für Wg-Wars: Du kannst C-Bas die Haare mit Kreide oder so pink anmalen ;)
Antworten •

24.01. 2016

MELINAS NEUES TATOO

Melina Sophie hat ein neues Tattoo! „Sometimes the fastest way to get there is to go slow." Auf Deutsch heißt das sinngemäß: „Manchmal erreicht man sein Ziel am schnellsten, wenn man sich Zeit lässt." Der Text kommt aus dem Song „Count to ten" von Melinas Lieblingssängerin Tina Dico.

24.01. 2016

LEON UND FABIAN VOM KANAL GRISCHISTUDIOS SIEHT MAN IM FILM „BIBI UND TINA 3" IN EINER KLEINEN NEBENROLLE.

26.01. 2016

102 594 10 463

UPS & DOWNS RELEASE

Viele sagen ja schon im Januar „Das Jahr geht schon mal gut los!" Andre von ApeCrime kann ein Lied davon singen – aber im positiven Sinne. Zusammen mit dem Kölner R&B Sänger Ado Kojo bringt er den Song „Ups & Downs" auf YouTube raus – und der darf sich über mehr Ups als Downs freuen, vong Daumen her.

13.01. 2016

TOPIC UNTERSCHREIBT BEI WARNER MUSIC

Man kann nicht sagen, dass es für den 23-jährigen DJ Topic bisher schlecht lief. Allein seine Single „Light it up" aus dem Jahre 2014 hat sich ganze 10.000 Mal verkauft. Doch mit seinem Song „Home" startet er endgültig durch. Was gibt es geileres, als wenn ein riesiges Plattenlabel wie Warner Music mit dir zusammenarbeiten will? Eine leckere Pizza! Das sieht Tobias (so heißt er übrigens mit richtigem Namen) wohl auch so und gönnt sich gleich, nachdem er den Vertrag beim Musiklabel unterschrieben hat, eine Pizza. Ein riesiger Erfolg für ihn, den er und seine Community hart feiern. Tja, besser kann man wohl nicht in ein Jahr starten.

„Wie ihr sicher mitbekommen habt, macht mein Song HOME gerade ordentlich die Runde. Das ist auch den großen Labels nicht entgangen! Ich freue mich, euch heute mitteilen zu können, dass ich fortan mit den Jungs & Mädels von Warner Music Gas geben werde! Riesen Dank an jeden von euch, der mich auf meinem Weg unterstützt! Auf ein gutes 2016 :)"

KROKO UND KLAAS

Jeder kennt den Klaas von Joko & Klaas. Vor allem kennt man ihn als lustigen Moderator, der sich selten ernst zeigt. Jetzt besucht er aber Schulen, um dort Vertretungsstunden zu halten. Auch bei KROKOs Schule hat er vorbeigeschaut. KROKO fand die Stunde super, weil Klaas über Medienkompetenz gesprochen hat und über die Art und Weise, wie Schüler eigentlich Nachrichten wahrnehmen und wie sie damit umgehen.

04.01. 2016

08.01. 2016

WAS WÄRE WENN...

... wir mutiger wären? Wenn wir was Gutes tun würden? Wenn wir unsere Mitmenschen mehr wahrnehmen würden? Wenn wir bei Ungerechtigkeit einschreiten würden? Bao und John von den Noobtown-Monkeys stellen sich diese Fragen in einem richtig coolen Kurzfilm, der zum Nachdenken anregt.

30.01. 2016

30.01. 2016

WHO I AM

„Seit wann entscheidet die Haut auf unseren Körpern, die Unterschiede in unseren Stimmen oder die Richtung, in die unser Herz uns führt, darüber, ob wir Menschenrechte verdienen oder nicht?"
– Isabella Poretsis

Aus diesem tiefgründigen Zitat macht JustNate ein wahnsinnig schönes Video, in dem er anfangs wie eine Frau aussieht, sich aber im Zeitraffer „abschminkt". Am Ende steht vor der Kamera dann ein Junge. Und dieser Trnas-Junge muss der Welt jeden Tag aufs neue beweisen, dass er Manns genug für sie ist. Damit prangert Nate die mangelnde Akzeptanz von Trans-Menschen in den Gesellschaft an, und zwar auf sehr berührende und kreative Art und Weise.

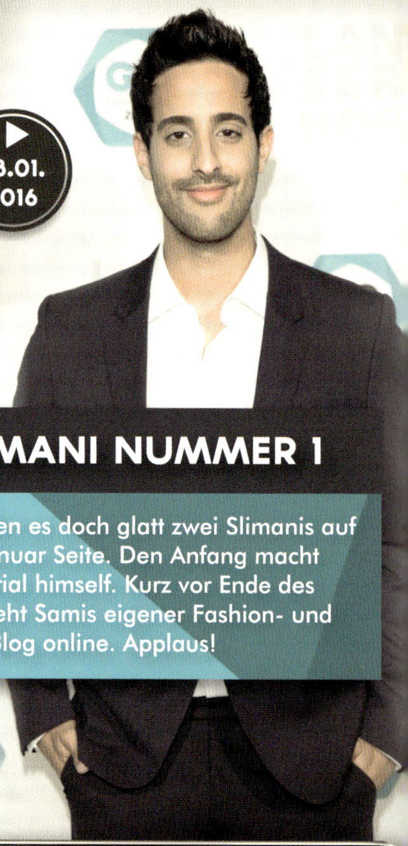

28.01. 2016

SLIMANI NUMMER 1

Da schaffen es doch glatt zwei Slimanis auf unsere Januar Seite. Den Anfang macht Herr Tutorial himself. Kurz vor Ende des Monats geht Samis eigener Fashion- und Lifestyle-Blog online. Applaus!

11.01. 2016

DEM DIAS SEIN ERSTES VIDEO!

Der österreichische YouTuber Dias bringt heute sein erstes Video im Jahr 2016. Diese Tatsache an sich ist aber natürlich nicht der Grund, weswegen wir ihn euch hier vorstellen wollen, sondern der Rest seines Kanals ist es. Sarah findet ihn super und lädt euch herzlich ein, mal bei ihm vorbeizuschauen!

05.01. 2016

AUS BARBIERELLA WIRD MARTINA

Der Name Barbierella war vor allem ironisch gemeint, weil Martina eigentlich null dem Barbie-Klischee entspricht. Aber irgendwie gab es mit dem Namen manchmal echt unglückliche Schwierigkeiten.

„Wenn ich jetzt z. B. mit einer Tierschutzorganisation arbeiten möchte [und] ich werde gefragt, wie z. B. bei den Streunerhunden: ‚Ja, wo erscheint denn das Video?' und ich sag ‚Ja, das erscheint auf meinem Kanal, nennt sich Barbierella', in dem Moment, wo du das sagst, denkst du dir einfach so ‚Oh Gott!'" Deswegen nennt sie ihren Kanal jetzt so, wie sie selbst heißt: Martina.

30.01. 2016

SLIMANI NUMMER 2

Die Vloggerin Lamiya Slimani ist vor allem für ihre Beauty- und Lifestyle-Videos bekannt. Doch eine Slimani wäre keine Slimani, wenn sie sich mit dem bereits Erreichten schon zufriedengeben würde! Dass Lamiya mit noch viel mehr Talenten glänzen kann, zeigt sie jetzt mit ihrer ersten Single „Glow". Das Ergebnis kann sich hören lassen!

DAS BUCH – DER FILM – ZUM BUCH

26.01. 2016

Da machen die Jungs von Grischistudios einfach mal einen coolen Trailer zu einer echt krassen Story. Wer leicht Albträume kriegt, sollte jetzt lieber nicht weiterlesen (lesen. Oh Gott). Leon – wir zittern schon – muss ein Buch – Grundgütiger! – lesen! Heavy Shit! „DAS BUCH – DER FILM!" Da kommt was Heftiges auf uns zu. Besser als Twilight. Aber weil die Jungs das so gut gemacht haben, wollt ihr nicht auch so einen Trailer zu unserem Buch machen? Wir würden's feiern! ;-D

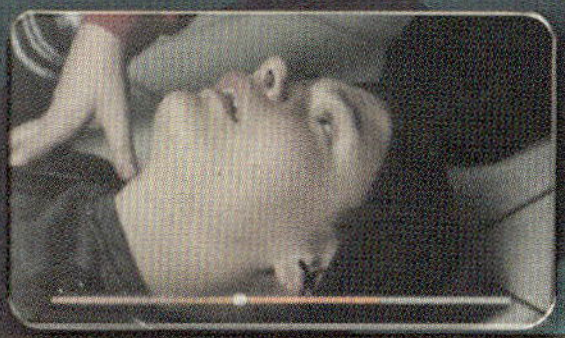

ARONS ESSEN IST VEG!

30.01. 2016

Na, wer hat sich schon gefreut, einen Rechtschreibfehler gefunden zu haben? Aber mal Spaß beiseite. Aron startet im Januar seinen neuen Kanal mein essen ist veg und macht dort Videos für alle, die sich für veganes Essen interessieren. Aber auch für diejenigen, denen veganes Essen zu sehr auf die Eier geht. Wir finden die Idee super.

#YouGeHa2016

Hate kennen wir ja von YouTube sehr gut. Doch den gibt's auch im Reallife. Wir spüren ihn besonders jetzt, in einer Zeit, in der viele flüchtende Menschen Schutz in europäischen Ländern suchen. Um der viel zu großen Hatewelle entgegenzutreten, die durch die sozialen Netzwerke rollt, startet MrWissen2go die Aktion „YouTuber gegen Hass". Hierfür vereint er mehr als 50 YouTuber, die alle ein Video unter dem Hashtag #YouGeHa2016 online stellen. Jeder von ihnen spricht seine Community auf seine eigene Art und Weise an. Dabei zeigen die YouTuber, warum dieser Hate absolut unnötig und falsch ist. Eine starke, aber vor allem auch wichtige Leistung. Wir sind stolz auf euch.

Und weil es gerade passt: Was würde Julien Bam jetzt sagen? „Hasse nicht, denn Hass ist Ballast für die Seele."

FEB

2016

RUAR

DOKTOR ALLWISSEND HAT NACHWUCHS

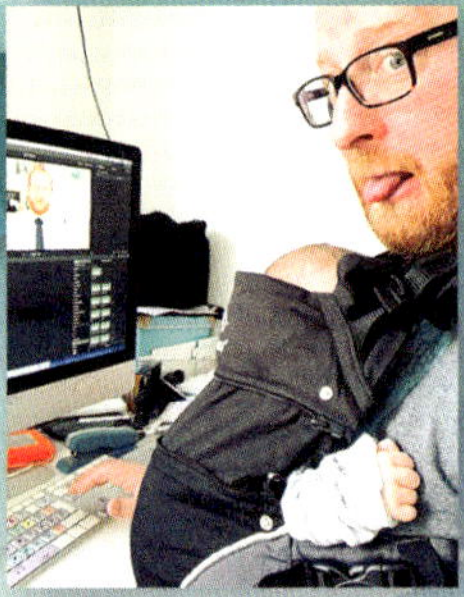

06.02. 2016

ALITELLS – STUMPFE NIVEAULOSIGKEIT?

iBlalis Format #AliTells war gegen Ende nur noch „stumpfe Niveaulosigkeit". Hatet uns jetzt bitte nicht für diese Aussage. Denn sie kommt von Vik höchstpersönlich. Ihm gefällt nicht, dass hauptsächlich Kommentare wie „Shice ma beim Stehen" aus der Community kamen. iBlali hat zwar Bock auf Comedy, aber er will nicht „das RTL von YouTube sein". Das Ergebnis: Vik kombiniert die Formate AliTells und AskAli. Dadurch – so hofft er zumindest – posten die Leute vielleicht wieder mehr „normale" Kommentare und weniger Unsinn. Die Community feiert es jedenfalls.

24.02. 2016

MELINA SOPHIE VERLÄSST TUBEONE

DFASHION WAR EINMAL

Denn Diana zur Löwen findet es schön, wenn es auf ihrem Kanal eine Spur persönlicher wird. Deshalb trennt sich die YouTuberin von ihrem alten Kanalnamen „Dfashion" und geht zu ihrem richtigen Namen über.

WAS KANN JULIEN BAM EIGENTLICH NICHT?

04.02. 2016

Man sieht ihn longboarden, breakdancen und schauspielern. Er produziert aufwendige, kreative und geile Videos. Preise räumt er auch ganz gerne ab. Langsam stellt sich für uns die Frage: Was kann Julien Bam eigentlich nicht?
Sogar in der Kategorie Singen stellt er sein Können unter Beweis, indem er seine eigene EP „SAY" auf den Markt bringt. Ein starkes Ding, bei dem er wieder seinen Qualitätsanspruch zeigt. Singen kann er also auch. Aber in irgendwas muss er doch schlecht sein. Vielleicht ja im Ausschlafen. Hat Ju eigentlich mal ein Kochvideo gemacht? Kann Ju auch kochen? Wie sieht's aus Mr. Bam, Challenge accepted? ;)

EIN GLAS AUF PIETSMIET!

Am 2.2.2011, also vor fünf Jahren, haben PietSmiet ihr erstes Let's Play hochgeladen. Damals haben sie EVE Online gezockt. Mittlerweile freuen sich die leidenschaftlichen Zocker über 2 Millionen Abonnenten. Weiter so Jungs!

02.02. 2016

03.02.
2016

WAS EIGTENTLICH JEDER MAL MACHEN KÖNNTE

01.02.
2016

Flo
Wie kann es sein, dass das Ding noch nicht viral ist?
Antworten • 146

Michael Buchinger
Das hat selbst mein hasserfülltes, steinhartes Herz zum Schmelzen gebracht
Antworten • 357

Soziale Experimente können manchmal ein bisschen anstrengend sein. Das von Marspet dagegen ist einfach nur schön. Deshalb wollen wir es hier erwähnen. Ihr könnt es auch gerne nachmachen: Schließt eure Augen, denkt an eine Person, die euch sehr wichtig ist und schreibt euch alles Positive auf, was euch einfällt. Danach ruft ihr sie an und erzählt ihr alles, was ihr aufgeschrieben habt. Clement bedankt sich bei seiner Oma, Saadet ruft ihren Freund an. Ein wunderschönes Video! #dankedafürmarspet

JANAKLAR GEWINNT

Wisst ihr wer das Studio71 Bootcamp Austria gewonnen hat? JANAklar! Jetzt sagt nicht, dass der flach war. Sie bringt diese Witze auch immer! ;) Im Interview mit Michi Buchinger nach der Verleihung sagt sie selbst, dass sie damit gar nicht gerechnet hat und kurzzeitig doch ein wenig mit der Gesamtsituation überfordert war. Aber sie freut sich sichtlich. Glückwunsch!

14.02.
2016

05.02.
2016

FINALE

ALLES FREEZT BEI TUBECLASH

Ein Projekt, das nur im YouTube-Universum entstehen kann. Spannende Geschichten in einer abgefahrenen Welt, YouTuber mit ihren manchmal komischen, aber witzigen Eigenschaften und der Wille der Community, der die Handlung lenkt – darkviktory und sein Team bringen alles zusammen und erschaffen damit TubeClash.

Folge für Folge wurde gevotet, wer überleben und wie die Story gestaltet werden soll. Alle haben wir mitgefiebert, was als nächstes passiert. Der 5. Februar bringt dann den Gewinner: Stegi geht als Sieger aus TubeClash 2 hervor. Allerdings bleibt nicht viel Zeit um zu feiern, da sich schon wieder eine neue Bedrohung auftut: Die Welt freezt. Somit ist die Zeit reif für den alles entscheidenden FinalClash.

ZITATE MIT ANSPIELUNG

STEGI: „HALT! MAN DARF MICH NICHT SEHEN!" –
STEGI WILL IN SEINEN VIDEOS UNERKANNT BLEIBEN

JU: „ALLES EINE FRAGE DER PERSPEKTIVE"
DER NAME EINES SEINER BELIEBTESTEN VIDEOS

CONCRAFTER: „DIESE TEUFELSZIEGE"
DIE ZIEGE AUS LUCA'S LET'SPLAY ‚GOAT SIMULATOR'

23.02. 2016

KELLY FEIERT IHRE 100. FOLGE „KELLY KOMMENTIERT KOMMENTARE"

UND VERPACKT DAS IN EINEM SONG, DEN SIE EXTRA FÜR DIESES JUBILÄUM AUFGENOMMEN HAT.

03.02. 2016

1 MILLION ABOS – WAYNE?

Stell dir vor, du knackst die 1 Millionen Abonnenten, und niemanden interessierts. Genau so muss sich Jonas aka. uFoneTV fühlen, denn niemand will mit ihm seine Million feiern. Zumindest tun LukiTime, FittiHollywood MoritzGarthTV und viele weitere seiner Freunde so, als hätten sie für so ein unwichtiges Ereignis überhaupt keine Zeit. Doch dann gibt's die Überraschung: It's a praaaaank Broooooo! Und somit LukiTimes erster Prank auf seinem Kanal. Alle sind heimlich nach Berlin gefahren, um mit Jonas einen geilen Abend zu verbringen.

JONAS
Das war echt eine mega Überraschung! Dankeschön auch nochmal an dich! Unglaublich viel wert, so gute Freunde zu haben! :)

B steht für das Buhuuu, wenn man heult, weil man jemanden vermisst. A reimt sich auf „wieder da!" Der Name ist Programm! B.A. meldet sich mit einem neuen Video nach 9 Monaten Pause wieder zurück! #applaus

B.A. IS BACK!

15.02. 2016

15.02. 2016

GRONKH BAUT WIEDER

Ach was haben wir nicht alle geheult. Einfach so beendete der Herbergsvater der deutschen YouTube-Szene Gronkh vor etwa drei Jahren nach Folge 1.251 seine Minecraft Let's Plays. Aber wie soll die World of Minecraft ohne Gronkh weitergehen? Ohne den YouTuber, der wahre Massen für das Spiel begeistert hat? Das geht doch nicht. Das dachte sich Gronkh wohl auch und deshalb können wir Mitte Februar sagen: The Legend is back! Endlich wieder Minecraft LPs à la Erik. Willkommen zurück.

21.02. 2016 BIBI BEKOMMT IHR EIGENES EMOJI

Hach ja, wir wissen ja nicht wie es euch geht, aber wir lieben diese Spielchen, die sich auf Social Media immer wieder ergeben. Keine Ahnung, wer bei Twitter auf die Idee kam, aber auf einmal bricht auf auf der Plattform das „Battle of the Hashtags" aus. Oder, um es weniger dramatisch auszudrücken: Twitter sucht den „Twitterstar 2016". Der Gewinner bekommt sein eigenes Emoji.
Die Communities von 20 der größten YouTuber Deutschlands überfluten den Feed mit dem Hashtag ihres Lieblings. Gewonnen hat BibisBeautyPalace, die mit #twitterstarbibi rund 2,23 Millionen Tweets versammeln konnte. Damit schlägt sie LIONTTV im Fotofinish mit etwa 6.000 Tweets Vorsprung. Glückwunsch an sie und die Bibinatoren.
So sieht übrigens der Emoji aus, den sie gewonnen hat. Er kommt immer, wenn man #Bibi postet.

JANAklar ist das Leben spannend, wenn man gerade das Studio71 Bootcamp Austria gewonnen hat … Wie? Wir hatten den Witz schon mal? JANAklar! Sorry aber wir können's einfach nicht lassen! ;-P Jedenfalls geht es jetzt für Jana bei einer Überraschungsreise für 3 Tage nach Berlin. Sie hat überhaupt keine Ahnung, was sie erwartet, aber Studio71 hat sich eine tolle Überraschung für die Gewinnerin ausgedacht: Sie darf z.B. Backstage zu Circus Halligalli!

JANAKLAR MEETS DAMITDASKLAAS 23.02. 2016

WOHNEN ÜBER DEN APES

Melina Sophie zieht in die Wohnung über der Wohnung von den Apes. Und jetzt nochmal in einfach: Melina hat ab jetzt eine eigene Bude über den ApeCrime-Jungs. Wer wissen will, wie ihr neues Zuhause aussieht, kann sich Melinskis One-Take Roomtour auf ihrem Kanal ansehen. Auf gute Nachbarschaft!

Nico aka inscope21 interviewt das SOS-Kinderdorf und lässt eine große Kiste Trainigshosen von seinem Sponsor da.

Stephan Gerick
Wahrscheinlich der beste Entertainer auf Youtube - Bester Humor , super gechillter Charakter , aufm Boden geblieben !
So musses sein , min Jung !
Weiter so und schöne Grüße :)

Das ehemalige Regal von Taddl ist nun in Rotpilz' Obhut

07.02. 2016 „DAS YOUTUBE-HAUS WIRD ZERSTÖRT!"

Zumindest melden sich Rotpilz und Petrit Shaqiri mit dieser Ansage zu Wort, bevor sie ins YouTube-Haus in Taddls und Ardys alte Zimmer einzuziehen. Für manche Zuschauer ist es nicht vorstellbar, wie diese WG ohne die beiden ehemaligen Mitbewohner noch cool bleiben soll.
Für Rotpilz und Petrit ist es aber der Beginn einer neuen Ära.

FLOS LETZTES MAL AUF 8QM

8qm ist eigentlich nur der Zweitkanal des YouTubers FloVloggt. 8qm – also 8 Quadratmeter – heißt der Channel deswegen, weil Flo für ein halbes Jahr nach Israel gezogen ist und dort in einem 8qm großen Zimmer wohnt. Es ist echt heftig, wie gut es ihm gelingt, uns zu zeigen, was dort abgeht, wie das Leben der Menschen aussieht und was er so erlebt. Vielleicht liegt das daran, dass wir seine Vlogs komplett aus seiner Perspektive sehen. Die Kamera ist Flos Blick auf die Welt, ihn selbst sieht man aber nicht. Wir sind quasi sein Auge. Leider ist sein Video über die Beduinen Israels aber das letzte Video auf diesem Kanal – zumindest ist die Reise jetzt beendet.

07.02. 2016

27.02. 2016

TOLGA SERT KRIEGT BESUCH

Seit September 2015 wohnt der Vlogger Tolga Sert in Japan und studiert dort. Auf seinem Kanal zeigt er, wie es so ist, in Tokyo zu leben. Jetzt darf er sich aber auf etwas ganz Besonderes freuen, denn er bekommt Besuch aus Deutschland …

HELLO CHRISSYS TRAUM WIRD WAHR

Sie ist Fan von Sailor Moon und Anime allgemein. In der Schule schrieb sie Aufsätze über Japan. Sogar ein japanisches Wörterbuch hat sie sich selbst zusammengebastelt. Chrissy vom Kanal Hello Chrissy wollte einfach schon immer ins Land ihrer Anime-Helden. Dank der Mädels von der Bloggerberatung kann sie sich endlich ihren Traum erfüllen. Die Reise ist aber mehr als nur eine Sightseeing-Tour, denn sie besucht auch ihren alten Freund und YouTube-Kollegen Tolga Sert.

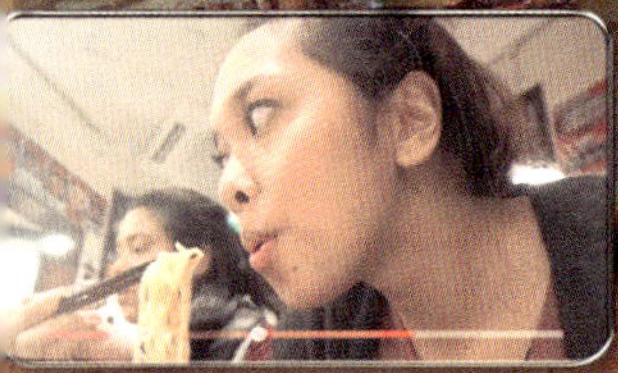

28.02. 2016

MISSKOKUS SELFMADE

DISTRICT

29.02. 2016

MissKokus eröffnet ihren eigenen Mützen-Shop!!! – So what?!, fragt ihr euch jetzt? Nun ja, es ist halt kein normaler Mützen-Shop. Alle Mützen, die sie da anbietet, sind mit viel Liebe handmade von ihr selbst gestaltet. Die Idee dafür hatte sie schon 2014, weil sie einfach keine Mütze finden konnte, die ihr gefallen hat. Auch mal eine Art, so ein Problem zu lösen. :D Daumen hoch dafür!

weilwegenjessie vor 2 Monaten
DAS ist Werbung, die im TV laufen sollte! Das ist Werbung, die ich mir gerne anschaue. Anna, deine Videos begeistern mich immer wieder, unfassbar. :)

KOMMT DIE LONGBOARDTOUR 2?

Pachuco aus unserem Team hat Geburtstag. Da haben Dner, Simon Unge, Julien Bam und Cheng Loew doch glatt ein besonderes Geschenk für ihn: Die Ankündigung der Longboardtour 2. Diesmal wollen die Jungs aber richtig durchdrehen und 3.000 Kilometer bis nach Gibraltar rollen, huiuiuiuuuui. Starten wollen sie im Mai an der Stelle, wo die letzte Tour endete: Schloss Neuschwanstein.

14.02. 2016

UFONETV WILL NICHT MEHR

Kann ich mich noch mit meinem Content identifizieren? Macht mir YouTube überhaupt noch Spaß? Leider kann Jonas vom Kanal uFoneTV das nicht mehr mit einem klaren „Ja" beantworten. Er braucht eine YouTube-Pause. Es ging ihm in letzter Zeit viel zu sehr um Zahlen als um ihn selbst. Man kann das verstehen. Die Trennung wird aber nicht für immer sein. Komm gestärkt zurück, Jonas!

28.02. 2016

MANNIAC TRIFFT DIE SCHAUSPIELER MATTHIAS SCHWEIGHÖFER UND FLORIAN DAVID FITZ, UM SIE ZU IHREM FILM „DER GEILSTE TAG" ZU INTERVIEWEN. DANACH BESUCHT ER DIE DREHORTE IN SÜDAFRIKA!

Deine Stimme leitet sehr gut durchs Video! Kein unnötiges Bla Bla! Wirklich sehr angenehm! Und tolle Aufnahmen! :)

Antworten · 37

25.02. 2016

Iiiiiiihihi, ist das schön, wenn man zum Geburtstag Geschenke kriegt. Jodie Calussi bekommt von Rewinside eine neue Kamera. Schaut mal, wie sie sich freut!

DIE SWISSTUBERS

Kennt ihr schon die SwissTubers? Ist sowas ähnliches wie TubeCologne, TubeMunich oder TubeStuttgart, nur eben für die Schweiz. Bei einem kleinen aber feinen Fan- und YouTuber-Treffen in Basel kann man super neue Leute kennenlernen und Kontakte knüpfen. Mit dabei sind YouTuber wie Iris Reeves, Noeliavidz und Faithincuteness.
Und wenn ihr jetzt noch etwas lachen wollt, dann lest diesen Artikel laut auf Schwizerdütsch vor und postet ein Video unter #StarsTubeaufdütsch!

MÄ

2016

RZ

SHAWN BU STAR WARS GOTT

05.03. 2016

Star Wars Fanfilme gibt es auf YouTube viele. Aber Anfang März sorgt eine deutsche Version weltweit für Begeisterung: Eine Vorgeschichte zum Bösewicht aus Episode 1, Darth Maul. Geile Videos auf YouTube – da denkt man normalerweise auch an Julien Bam. Dieser Film kommt aber von seinem Bruder Shawn Bu. Ein Wahnsinnsprojekt, in das er und sein Team fast 2 Jahre harte Arbeit reingesteckt haben. Der Kurzfilm ist qualitativ so hochwertig umgesetzt, dass sogar Hollywood darauf aufmerksam wird. Wer's noch nicht kennt: Gebt euch die 17 Minuten geilen Shit! Ein richtig fettes Lob für dieses starke Projekt vom ganzen StarsTube-Team!

Stan Lee
9. März
Seite gefällt mir
The Force is very strong with these creative fans! Nice work T7 Production!

09.03. 2016

Wie würde Raj von Big Bang Theory jetzt sagen: HEILIGER KUHMIST! Sogar Stan Lee lobt Shawn Bus Star Wars Film auf Facebook! ALTER! Stan Lee! Der Typ, der z. B. die X-Men, Hulk und Spider-Man erfunden hat. Wir müssen uns kurz hinsetzen …

Shawn Bu hat Stan Lees Beitrag geteilt — aufgeregt.
9. März
OMG Stan Lee!!!!!!!!!! And we also surpassed 3 Million views!!!

NIHAN SAGT JA!

Also eines muss man echt sagen: Türkische Bräute sehen auf Hochzeiten einfach immer umwerfend aus. Bei der Beauty- und Lifestyle Vloggerin Nihan ist es am schönsten Tag ihres Lebens nicht anders. Wir wünschen dem Paar alles Gute.

13.03. 2016

CRIMEBOSS AKTION

06.03. 2016

Einmal ein Teil von Ape-Crime sein … eine Ansage schreiben, die die drei Jungs in einem Video vorlesen – das darf nur der CrimeBoss! Genau den suchen Jan, Andre und Cengiz. Auf diese Weise wollen sie ihre Zuschauer mal ein bisschen besser kennenlernen. Die Comments unter dem Video laufen heiß!

LICHT AUS

NinaJasmin setzt sich für die WWF Earth Hour ein. Denn am 19. März sollen so viele Menschen wie möglich zum selben Zeitpunkt für eine Stunde das Licht ausmachen, als Zeichen für die Umwelt.

19.03. 2016

#NORDTRIP

MIT JODIE, REWI, IZZI STURMWAFFEL & DNER

15.03. 2016

UNVERGESSLICHE MOMENTE:

28 Stunden auf einem Schiff

Sturmwaffels Drohne crasht in den Baum

Besuch bei der „nördlichsten Oma der Welt"

Autoschlüssel am gefrorenen See verloren

Solange man jung ist, soll man so viele geile Sachen wie möglich erleben. Wie wär's also mit einem Roadtrip durch die skandinavischen Länder, also so gesehen einem Nordtrip? Deal! Auf Jodie Calussi, Rewinside, Dner, Izzi, und Sturmwaffel warten 20 Tage Unsterblichkeit – und jede Menge Eis und Schnee!

CHENG TÄTOWIERT STEPHAN

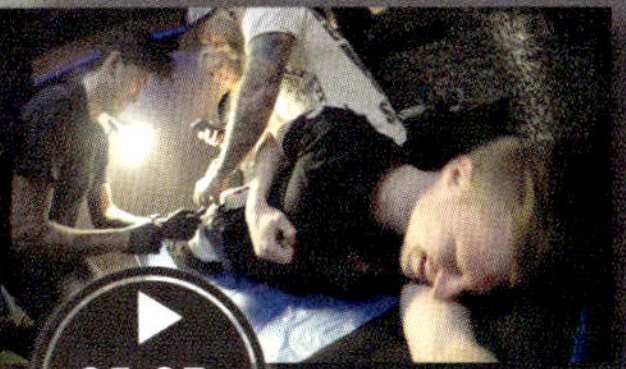

Eigentlich wollte sich nur Cheng Loew am Arm tätowieren lassen. Dann dreht er aber den Spieß um und verpasst Stephan Gerick ein Tattoo … und zwar einen Punkt … am Hintern! Immerhin nichts Größeres! :D

05.03. 2016

MARCELS ANDERE SEITE

Zeit für eine neue Seite an Marcel Scorpion! Immer wieder muss er sich den Vorwurf gefallen lassen, dass er nur niveaulosen Content auf YouTube mache. Mit seinem neuen Kanal „PsychoticBlog" will er zeigen, dass hinter der Person Marcel auch eine tiefgründige Seite steckt.

In den USA sehr beliebt, in Deutschland auch: die „react to" Videos, die man vor allem von den Fine Bros. kennt. Emrah will auch mal eins machen und testet zusammen mit anderen YouTubern vegane Essensalternativen. Für alle ist es das erste Mal.

07.03. 2016

EMRAH REAGIERT AUF ESSEN

COLLAB

15.03. 2016

PREMIERE: Zum ersten Mal hat Kelly MissesVlog einen Gast bei „Kelly kommentiert Kommentare"! #dankedafüriblali

12.03. 2016

ZWEITER AWARD FÜR DAGI

Wenn man eins über Dagi Bee sagen kann, dann, dass sie eine sehr starke Community hinter sich stehen hat. Die braucht man auch, wenn man den Kids' Choice Award in der Kategorie Lieblings-Videoblogger gewinnen will. Letztes Jahr ist es ihr gelungen. Und auch dieses Jahr kann sie sich dank ihrer treuen Community über die beliebte Trophäe freuen. Glückwunsch!

15.03. 2016

ITSCOLESLAW MACHT „DEN SCHEISS" NICHT MEHR MIT

Lisa mistet bei sich im Zimmer mal kräftig aus. Ihr ist aufgefallen, dass da so viel Zeug rumsteht, das sie eigentlich gar nicht braucht und nur sinnlos Platz wegnimmt. Deshalb beschließt sie, jetzt mal alles zu verschenken, zu spenden oder zu verlosen, was keine Miete zahlt.

„Ich hab glaub ich 8 oder 9 richtig große Tüten mit Klamotten weggegeben ans rote Kreuz. Ich hab mehrere Schuhpaare und Taschen usw. weggegeben. [...] Irgendwie war es ein cooles Gefühl zu sehen, dass es Leute gibt, die damit mehr anfangen können als ich."

UNGE STREAMINGMARATHON

18.03. 2016

Es ist angerichtet!
31 Tage zocken.
31 Tage mit Zander, Nilo, Gtime, Rewi und was weiß ich wem prügeln.
31 Tage komisches Zeug bei Challenge-Bestrafungen essen.
31 Tage zu wenig Schlaf.
31 Tage rund um die Uhr überwacht.
31 Tage Live-Stream!
Wer kommt auf solche Ideen? „Simoms Unge".
Heute am 18. März geht's los!
Funfact: Alle reden immer von 30 Tagen Livestream. Wir haben aber genau nachgezählt!
Kriegen wir jetzt ein Veganschnitzel?

UNVERGESSLICHE MOMENTE

Ein Hund im Büro ;)
Horror-Puppen-Prank ;D
Schlägerei mit Rewi :D
BESTRAFUNG! – MontanaBlack vs. Rewi
u.v.m.

FRESHTORGES MUSS WAS LOSWERDEN

Eigentlich versucht er ja, politische Statements auf seinem Kanal zu vermeiden. Aber für Freshtorges Geschmack werden in der heutigen Zeit viel zu viele rechtspopulistische und vor allem auch falsche Aussagen aus bestimmten politischen Lagern getätigt. Da er das so nicht stehen lassen kann und will, gibt er zum ersten Mal auf seinem Kanal ein politisches Statement ab. Was ihm aber noch wichtiger ist: Er wünscht sich von seinen Zuschauern, dass sie nicht alles, was sie hören, einfach glauben sollen. Sie sollen vor allem hinterfragen und selbst nochmal nachdenken, ob manche Dinge wirklich wahr sein können, oder ob sich nicht doch eine Lüge hinter manchen Aussagen versteckt.

CONCRAFTER ENTFOLGT FREUNDEN AUF INSTAGRAM

Für Luca aka ConCrafter ist die Birne geschält. Liked er auf Insta ein Bild von einer Freundin, fragen sofort alle, ob er mit ihr zusammen ist. Seine Reaktion darauf: „Ich bin 200 Leuten entfolgt, da waren sehr viele YouTuber-Freunde von mir dabei, sehr viele Reallife-Freunde und andere YouTuber aus Amerika und England, die ich sehr geil finde."

MRWISSEN2GO BRINGT APP RAUS

Interessante Idee von MrWissen2go! Wem der Content auf seinem YouTube Kanal nicht reicht, der bekommt ab jetzt auf seiner eigenen App zusätzliche Inhalte wie z. B. längere Interviews, Fotos von Drehs usw.

NELAS LEGENDÄRE BABYANKÜNDIGUNG

18.03.
2016

Da können die Kardashians einpacken! Spektakulärer und humorvoller kann man die Geburt des eigenen Sohnes nicht auf YouTube ankündigen. In einem Live-News-Format, das der Vater Chris Lee moderiert, werden Reporter wie Nilam Farooq, TwinTV, Debitor und noch viele mehr eingesetzt, um rauszufinden, wie es um die Geburt von Nela Lees Kind steht. Ein abgefahren aufwendiges Video zum laut mitlachen. Nelas Sohn heißt übrigens Nicolas Caspar Lee. Glückwunsch – und geil gemacht!

31.03. 2016

ISABEAU VERLOBT SICH

Hach, sind Heiratsanträge nicht immer schön? :D Jetzt ist Isabeau dran. Da sitzt sie im Beautysalon und wird dort darum gebeten, mal kurz nach draußen zu gehen. Und da steht dann auch schon ihr Alex, begleitet von einem Klarinettisten, und macht ihr den Antrag auf Knien. Im Video fließen jede Menge Freudentränen. „Es war wirklich der schönste Antrag, den er je hätte machen können."

CONCRAFTER: „JEDER WIRD MICH FÜR DIESES VIDEO HASSEN!"

18.03. 2016

Inszenierte Pranks und Beefs, homophobe und sexistische Inhalte … da wirds dem Luca dann doch zu viel. Da er das, was manche YouTuber abziehen, nicht mehr erträgt, muss er in einem Video mal seine Wut rauslassen und sagen, was ihn hart nervt.
„Wenn ich dann so Videos sehe wie […] ‚Ärsche von YouTubern erraten' […] oder jemand läuft durch L.A. und belästigt irgendwelche Menschen und fragt sie nach Drogen und nennt es am Ende: Es ist ein fucking Prank! Was ist mit euch ******* los?! […] Habt ihr irgendeine Form von Anstand?!"

31.03. 2016

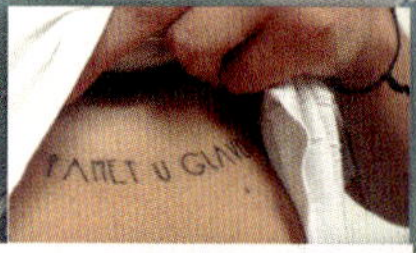

Absolut liebenswert und auch ein bisschen crazy sind Enisa und Foxy vom Kanal ENGOXY ja schon. Einfach nur Sightseeing zu machen, wenn man in Thailand ist, wäre da wohl zu langweilig. Wenn man also schon in Bangkok ist, warum dann nicht gleich ein Tattoo stechen lassen, denkt sich Engy wohl. Keine Angst, sie hat dabei keinen Hangover. Unter ihrer Brust steht ab jetzt auf Bosnisch „Pass auf dich auf", was ihrer Mom gewidmet ist.

DATE THE BIRD

Art the Bird bietet ein Date an! Und zwar im Fernsehen! Bei der Show „Take me out"! Und er wird ausgerechnet von derjenigen ausgewählt, die sonst so hart wählerisch ist!

Kirkity und Max Oberüber tun sich zusammen und covern gemeinsam Mark Forsters „Wir sind groß".

ZOO OHNE TIERE DE CHANGEMAN

20.03. 2016

De Changeman ist der Content auf YouTube zu inhaltslos geworden. Um selbst dazu beizutragen, dass sich das mal ändert, bringt er seine neue Webserie „Zoo ohne Tiere" raus. Dabei will er es aber nicht belassen. Er plant schon jetzt weitere, qualitativ hochwertige Serien für 2017, wie „Unser Vater Markus Specht" oder „Die Autoren".

WAS MIT FABIAN? :D

04.03. 2016

Fabian kennt man eigentlich von seinem Kanal dailyknoedel. Oder man kennt ihn aus der Wochenwebshow von Radio Bremen. Da diese aber beendet wurde, macht das Team jetzt „Was mit Fabian". So heißt nämlich ihr neuer YouTube Kanal. Und was machen sie da? Talks rund um aktuelle Themen, die die Deutschen bewegen – aber halt in sarkastisch und mit Fabian.
Funfact: Auch, wenn es „funk" erst seit Oktober 2016 gibt, gehört dieses Format quasi schon seit heute dazu.

DU IN EINEM BUCH

24.03. 2016

Andreas Dutter ist nicht nur mit dem Kanal brivido libro auf YouTube unterwegs, sondern auch Buchautor bei gleich mehreren Verlagen. Für sein neues Projekt will er sich die Figuren im Buch nicht komplett selbst ausdenken. Diesmal sollen auch seine Zuschauer per Gewinnspiel die Möglichkeit haben, eine Nebenrolle in der Geschichte zu bekommen. So verbindet man Social Media und Literatur mal richtig.

ROTPILZ UND PETRIT SHAQIRI FAHREN NACH KOSOVO IN ALBANIEN. WARUM? WEIL ES EINE SCHÖNE GEGEND IST. IST JA AUCH GRUND GENUG! :)

13.03. 2016

DOMINIK PORSCHENS GROSSE ANKÜNDIGUNG

Dominik Porschen kennt ihr vielleicht von den VideoDays, die er seit Jahren moderiert. Vielleicht aber auch von seinem Kanal Filmlounge. Der Name ist Programm: Hier redet er über alle möglichen Filme. Damit das noch geiler wird, arbeitet er bei ein paar Formaten ab jetzt mit der Telekom zusammen.

„In ganz vielen Gesprächen haben wir festgestellt, wir ticken da auf jeden Fall auf gleicher Wellenlänge und wollen jetzt eben gemeinsam diesen Kanal noch mehr Leuten zeigen."

AP
2016

RIL

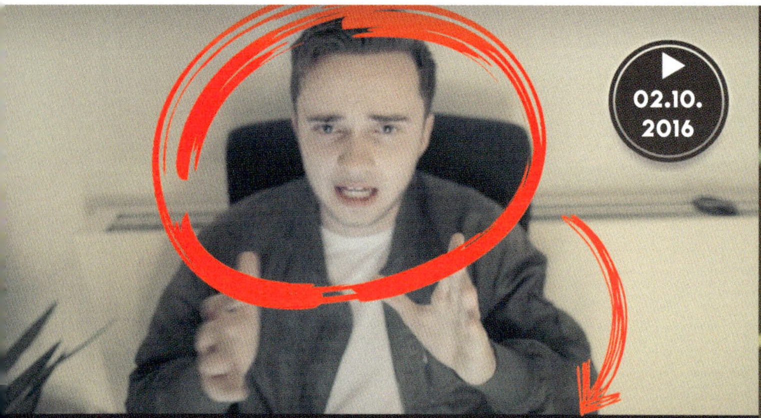

02.10. 2016

GERADE (UN)BELIEBT: ROTE KREISE IN THUMBNAILS

Die Diskussion rund um rote Kreise, Titten-Thumbnails und Pranks geht jetzt so richtig los. Von überall hört man „YouTube wird immer niveauloser". Dabei bringt es der YouTuber Jarow ganz genau auf den Punkt:

„YouTube zwingt euch doch nicht, einen bestimmten YouTuber anzugucken. Es gibt genug YouTuber, die vielleicht in euren Augen die richtige Qualität mitbringen. Dann schaut doch diese Videos. Ich verstehe nicht, wieso man Videos von YouTubern, die man hasst, die ganze Zeit anguckt und darunter kommentiert."

BABYALARM BEI DOUNIA SLIMANI

Dounia Slimani hat sich neu verliebt! Ihre neueste Flamme heißt Mikael und wiegt 3,8 kg. Glückwunsch zum Nachwuchs an Samis Schwester.

14.04. 2016

douniaslimani Mikael 😊❤️ | 14.4.2016 - 11:59 Uhr 3800g - 51 cm - die Liebe unseres Lebens. #newborn #family

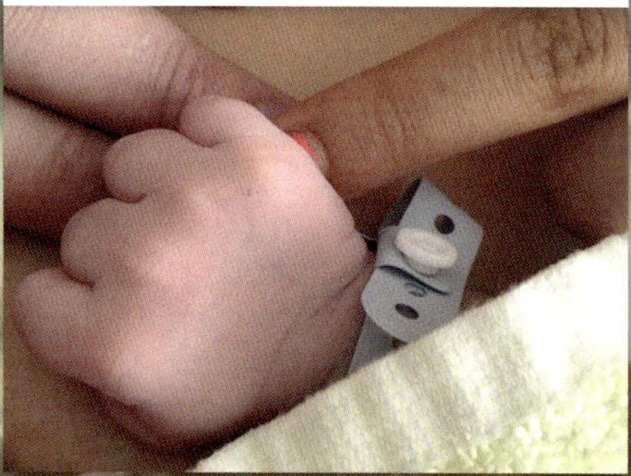

JANABEAUTYBIRD ÄNDERT IHREN NAMEN

Und zwar zu janasworld. Passt auch viel besser. Schließlich hat sie nie Beautyvideos gemacht und hat auch nicht vor, damit anzufangen.

29.04. 2016

KEIN SCHERZ!

REVIEW & Sami Slimani launchen ihre erste gemeinsame Capsule Collection, die es ab 1. April bei P&C gibt.

01.04. 2016

IBLALI BEKOMMT SYNCHRONSPRECHER-ROLLE

Manche waren sich ja nicht ganz sicher, ob das gut geht. Schließlich redet iBlali für gewöhnlich unfassbar schnell. Wenn er aber in die Rolle des tollpatschigen Roboters „Zed" aus dem Film „Ratchet & Clank" schlüpft, gelingt ihm das Synchronsprechen richtig gut!

02.10. 2016

10.04. 2016

#PANIK IST REAL!

Eigentlich haben wir es ja alle gewusst. Aber es fehlte die offizielle Bestätigung. Im Geburtstagsstream von Gronkh kommt sie dann, ganz plötzlich und unerwartet, einfach so nebenbei, während er Kuchen mampft. Seit über drei (!) Jahren sind er und Pandorya ein Paar, beinahe genauso lange wohnen sie auch schon zusammen. Als es endlich raus ist, kann Erik gar nicht aufhören zu grinsen. Was für eine Erleichterung das für beide sein muss! #Panik ist endlich und ganz offiziell real! <3

Herzlichen Glückwunsch zum Silbernen PlayButton nach 2 Videos XD
Congratulations to the silver PlayButton after 2 videos XD

Du schaffst es mich in 10 min für englisch zu begeistern .Mein Lehrer hat das nach 3 Jahren immernoch nicht geschafft ;)

I guess this is a good oportunity to see videos with a good quality in another language than german. I mean I like your german vlogs (and letsplays) as well but I love the english language. Im very excited for the next english vlogs!

DNER STARTET ENGLISCHEN KANAL

30.04. 2016

Für Dner läuft es ja in Deutschland bereits sehr gut. Doch der junge von der Laden hat Bock auf ein neues Experiment. Am 30. April startet sein neuer Vlog-Kanal „Felix Laden". Das Besondere: Den Kanal führt er komplett auf Englisch. In nur wenigen Tagen knackt er damit auch gleich die 100.000. Happy road to one million! ;)

Die Zuschauer haben lange darauf gewartet. Jetzt ist es soweit: Liont zeigt der Welt, wer seine neue Freundin ist. Ihr Name ist übrigens Katrin. Schön, dass man im Video sieht, wie froh die beiden sind, dass sie sich gefunden haben.

14.04. 2016

WENN TWINTV UND GRISCHISTUDIOS KINDER WÄREN

Man nehme Dennis und Benni von World Wide Wohnzimmer und die Jungs von Grischistudios und lässt sie in der Zeit zurückreisen. Jetzt sind sie wieder Kinder und versuchen kinderleicht YouTube zu erklären. Lustiges Video. Wie Benni und Dennis wohl ihre eigene Show erklären würden? :D

03.04. 2016

PETRIT ZIEHT AUS DEM YOUTUBE HAUS AUS

Lange hat die WG zwischen Rotpilz und Petrit nicht gehalten. Petrit zieht wieder zurück zu seinen Eltern. Der Grund: Sie haben beiden unterschiedliche Vorstellungen vom Zusammenleben. An ihrer Freundschaft rüttelt das allerdings nicht.

ERSTES COMMUNITY-EVENT IN WIEN

Es wurde aber auch allerhöchste Zeit! Mit „4Community: 71Con" im Rahmen des 4Gamchechanger Festivals bekommt Österreich in Wien sein erstes großes YouTuber Fantreffen. Mit am Stizzle sind Studio71 Stars wie Michael Buchinger, KsFreak, Krappi, MissesVlog, ConCrafter und so viele mehr, dass uns die Luft beim Vorlesen ausgeht.
Laut Veranstalter ProSiebenSat.1 PULS 4 waren bis zu 5.000 Leute mit dabei.

23.04. 2016

03.04. 2016

ANNALAURAKUMMERS GROSSER AUFTRITT

Der 3. April ist für Anna vom Kanal annalaurakummer ein ganz besonderer Tag. Heute hat sie die Ehre, den österreichischen Amadeus Music Award 2016 in der Kategorie Electronic Dance zu verleihen.

MELINAS RALLE IST TOT

03.04. 2016

06.04. 2016

WAS TUN BEI CYBER MOBBING?

KleinaberHannah widmet sich heute einem wichtigen Thema. Cyber Mobbing ist ein Phänomen unserer Zeit, auf das man echt gut verzichten könnte. Aber was tun, wenn man Opfer solcher Attacken wird? Hannah gibt hier Tipps, wie man sich am besten zur Wehr setzen kann. Nehmt euch fiese Kommentare nicht zu Herzen, sondern löscht sie einfach. Ihr könnt die Person auch guten Gewissens blockieren, wenn das nicht hilft. Meldet Videos oder Kommentare, in denen andere diskriminiert werden. Steht ihnen bei, statt nur daneben zu stehen und zuzuschauen. Seine Meinung kann jeder öffentlich sagen. Aber Mobbing muss sich niemand gefallen lassen. Habt Mut und lasst euch nicht unterkriegen!

DER CRIMESHOP VON APECRIME IST WIEDER ONLINE MIT BRANDNEUEM MERCH

01.04. 2016

ÄRZTIN PRÜFT OPEN MINDS VIDEOS

Was passiert, wenn eine Ärztin den Kanal eines „Drogen-YouTubers" prüft? Genau das macht Dr. Schober mit Simons Kanal OPEN MIND. Stimmen die Sachen denn, die er da über den illegalen Shit erzählt? Tatsächlich kommt Simon super weg. Meist ergänzt sie seine Aussagen bloß, und nur einmal widerspricht sie ihm.

17.04. 2016

15.04. 2016

UFONETV GIBT WIEDER GAS

Alles neu macht der Jonas. Vor kurzem noch (wer mag, kann zurückblättern) hat er bei YouTube seine Pause angekündigt, weil er sich wieder ein wenig selbst finden musste. Jetzt ist er wieder da. Nur heißt sein Kanal jetzt nicht mehr uFoneTV, sondern einfach JONAS. Funfact: Wenn man bei seinem Namen die Buchstaben umstellt, ergibt das SONJA! ;)

29.04. 2016

JULIEN BAMS EIGENES GAME!

Himmel Herrgott Teufel Donnerwetter... Immer wenn man Ju erwähnt, ist irgendwas Abgefahrenes passiert. Diesmal erinnern wir uns daran, dass er zusammen mit seinem Team sein eigenes Game rausgebracht hat: Ju's Journey.

Auf welcher Seite Mister Bam wohl als nächstes auftaucht? Ratet mal! Was müsste als nächstes passiert sein? ;)

ANDRE WAR GANZ UNTEN

Heute steht Andre von ApeCrime mit beiden Beinen im Leben und verdient gutes Geld. Doch das war nicht immer so. Bis er mit YouTube erfolgreich wurde, hat er eine harte Zeit durchmachen müssen. Jahrelang hat er finanziell am Limit gelebt. Heute teilt er mit uns die Geschichte über seinen steinigen Weg bis zum Erfolg.

22.04. 2016

HAT ER NICHT GEMACHT?!

Angeblich hat sich Rob vom Kanal TopZehn seine Stimme versichern lassen. Das heißt, wenn sie mal kaputt geht, kriegt er Geld dafür.

Robert @robzehn · 19. Apr.
Wenn jetzt einer kommt und meine Stimme kaputt macht, bin ich auf jeden Fall safe 😎 instagram.com/p/BEWe2daKd-U/
1 9

GRONKH ÜBERRASCHT KLEINEN STREAMER

Stell dir vor, alles in deinem Leben läuft eigentlich ganz ok. Doch dann verlierst du deinen Job. Warum? Wegen einer chronischen Krankheit bist du ein zu großes Risiko für den Betrieb. Man weiß nie, ob du für lange Zeit ausfallen könntest. Dir wird sogar gesagt, dass du in deinem Bereich keine andere Stelle mehr bekommen wirst. Klar könntest du jetzt etwas anderes lernen, doch das Arbeitsamt macht es dir nicht möglich. Du brauchst also eine neue Beschäftigung. Irgendwas, um die Zeit totzuschlagen, bis es wieder weitergeht. Naja, wenn man gerne zockt, kann man ja auf Twitch streamen.

So vergehen 1 1/2 Jahre. Beruflich tut sich nichts. Gar nichts. Doch dann, ganz plötzlich, ohne dass jemand das hätte ahnen können, wird alles anders. Du streamst World of Warcraft auf Twitch und auf einmal kommen tausende von Zuschauern in deine Session. Du hast keine Ahnung, was los ist. Woher kommen die alle? Dann fangen die auch noch an zu spenden ohne Ende.

22.04.
2016

Diese Geschichte ist tatsächlich so passiert. Und zwar am 22. April. Hinter all dem steckt der gute *ähem* alte Gronkh! Er sucht sich an diesem Abend während seines Twitch-Streams einfach mal jemanden raus, der kaum Zuschauer hat, und schickt seine Zuschauer zu ihm rüber. In diesem Fall trifft es NichtDieMama87. Durch diese Aktion bekommt er einige neue Follower und kann durch das Spendengeld ein paar Krankenhausrechnungen bezahlen und sich eine neue Grafikkarte und kleine Geschenke leisten. Er ist wahnsinnig dankbar und darf sich am Ende sogar noch darüber freuen, mit Gronkh direkt via Teamspeak zu sprechen. Ach ja, manchmal schreibt das Internet echt schöne Geschichten.

Krappi Krappinger Völkerballgott!!! Könnte Twitter sprechen, dann würde es das nach dem heutigen Abend aus allen Ecken brüllen! Zum ersten Mal tritt Team Internet bei der ProSieben Völkerballmeisterschaft an. Mit dabei: Sophia Thiel, MissesVlog, ConCrafter, KrappiWhatelse, KsFreakWhatElse und FittiHollywood. Glückwunsch zu einem starken 2. Platz!

Krappi war ganz großes Kino!

Antworten • 30

16.04. 2016

TEAM INTERNET ROCKT

16. Apr.

Ich komm auf **Krappi** nicht klar.. Der könnte alleine auf dem Feld stehen, der würde alle Platt machen. #P7VBall #TeamInternet

23.04. 2016

HerrNewstime hat ja schon ein ganz besonderes Outro. Newsi als Engel, alte Teleshopping Musik (falls jemand das noch kennt. Einkaufen via Fernsehn. War mal n großes Ding) – einfach einzigartig. Bekommen hat er es von VollaufdieOmme. Seit heute ist es im Einsatz.

Diese Endcard, alter. xD Ich bin vom Stuhl gefallen :D

Antworten • 20

09.04. 2016

ALLES AUF ANFANG

Mit seinen Videos war AviveHD zuletzt gar nicht mehr glücklich. Kaum Klicks, keine aktiven Zuschauer, und das trotz Clickbait-Titeln. Er hatte vernachlässigt, woran er eigentlich selbst Spaß hat. Damit soll jetzt Schluss sein. Avive kehrt zu seinen früheren Formaten zurück und zack! Die Klicks gehen wieder in die Höhe.

25.04. 2016

LPL STATT LOL

Verrückt, an was Sturm to the Waffel da zusammen mit Endemol gebastelt hat. Eine Let's-Play-Liga auf YouTube. Sechs Zocker battlen sich in verschiedenen Games an PC und Konsole (oha, beides?!) um zu zeigen, wer am Ende der beste Let's Player von allen ist. Mit dabei: Brosator, Benx, AviveHD, LPmitKEV, DebitorLP und VeniCraft. Sturmi moderiert. Lasst die Spiele beginnen!

26.04. 2016

ICH BIN NOMINIERT?!

Der österreichische TV-Sender PULS 4 veranstaltet zum ersten Mal das 4Gamechanger-Event. Dabei gibt es für einen Webstar auch einen Preis für „bahnbrechende Akzente" zu gewinnen. Nominiert sind ConCrafter, KsFreak, Michael Buchinger und JANAklar. KsFreak darf sich über die meisten Votes und damit über den Sieg freuen.

Funfact: Michael Buchinger und JANAklar haben erst durch ein Interview im Vorfeld herausgefunden, dass sie nominiert sind.

KLEINTANNES FANGIRL-MOMENT

„OMG! Ich werde Chris Hemsworth treffen!!!" Das geht heute wahrscheinlich in kleinTannes Kopf vor. Weil Hemsworth Teil der SocialMovieNight zu „The Huntsman" ist, kann die Tanne ein Foto mit ihm abstauben.
Steckt nicht in jedem von uns ein Fangirl/-boy? :)

02.04. 2016

27.04. 2016

KINDERBUCHREVIEWS GESTRIKED

Das war's dann wohl für die Kinderbuchreviews auf YouTube. Gaffis Kanal wird doppelt abgestriked. Einmal, weil er die Rechte für die Musik, die er verwendet, nicht hat. Der zweite Strike kommt vom Carlsen Verlag, da er mit seinen Kinderbuchreviews quasi die gesamten Werke im Internet veröffentlicht hat. Noch ein Strike und sein Kanal wird komplett gelöscht. Eine bittere Pille, vor allem, weil er so viel Arbeit in seine Reviews gesteckt hat, die natürlich nie ganz ernst gemeint waren. Nach deutschem Recht ist die Abmahnung aber absolut gerechtfertigt. Auch KuchenTVs Reviews sind davon betroffen. Allerdings hat der keinen Strike dafür bekommen. Er hätte sich aber trotzdem gewünscht, dass der Verlag das zuerst mit Gaffi klärt, anstatt gleich einen Strike rauszuhauen.

BESTRAFUNG: JAROW MUSS SICH DIE HAARE FÄRBEN

21.04. 2016

Zwar hat Jarow zuletzt eine starke Serie in seinem „Wahr oder Falsch"-Spiel hingelegt. Doch in Kurono hat er seinen Meister und Bezwinger gefunden. Zur Strafe muss er sich blonde Strähnen in die Haare machen lassen. Immerhin macht Kurono aus Solidarität dasselbe, nur in der Farbe Rot.

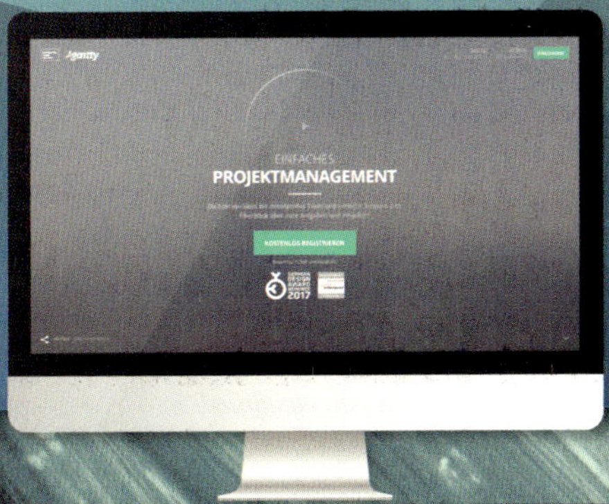

JETZT AUCH AUF PLATTDEUTSCH

Kennt ihr das Programm Agantty? Wahrscheinlich nicht. Das ist so ein Projektmanagement-Tool. Die Entwickler davon kennt ihr aber vielleicht: Fynn Kliemann und sein Team. Früher war es nur für sie selbst gedacht, mittlerweile ist es für alle kostenlos nutzbar. Das lustigste daran ist aber, dass es das Programm nicht nur auf Deutsch und Englisch gibt. Mittlerweile kann man es auch auf Plattdeutsch verwenden.

Fun Fact: Das spricht zwar kaum noch jemand, aber Fynns Opa schon. Deshalb haben sie gleich mal seine Skills genutzt, um die Sprache zu adden. Oh Mann, wer macht denn sowas?! End die geile Aktion! XD

20.04.
2016

HARDIS UNFALL

Es ist ein Erlebnis, auf das keiner von uns scharf ist. Dem Hardi ist es aber passiert. Er hatte einen Autounfall, den er so schnell nicht wieder vergessen wird. „Du denkst halt wirklich – und ich überdramatisiere das jetzt nicht, sondern es ist wirklich Fakt – du sagst zu dir selbst: Stell dich darauf ein, dass du jetzt sterben wirst, oder sterben kannst." Das Video macht nachdenklich, und das ist auch gut so. Wir alle sollten immer daran denken, vorsichtig zu sein.

26.04.
2016

HALLODRI GRÜNDET PIMPYOURWRIST

Hallodris „Pimpyourwrist" Shop ist online! Hier bekommt man kleine Holzplättchen mit eigenen Worten drauf fürs Handgelenk. „Ich freu mich so, ich bin so aufgeregt. Kennt ihr das, wenn ihr früher ein Fußballspiel hattet oder vor irgendeiner wichtigen Prüfung wart und ihr wart mega aufgeregt? Genau so fühl ich mich grad – ich hab so Schmetterlinge im Bauch!"

02.04.
2016

27.04.
2016

TWINTV ÄNDERT KANALKONZEPT

Bisher kannte man sie als TWINTV. Ab jetzt ändert sich aber das Kanalkonzept von Benni und Dennis. Auf allen Plattformen nennen sie sich fortan

World Wide Wohnzimmer.

Da außerdem ihr Format WWW für viele Zuschauer offenbar zu lang war, wird die Show ab jetzt in drei Teile aufgeteilt. Ihren Kanal benennen die Zwillinge auch nach ihrem Format um. Die Reaktionen der Community fallen unterschiedlich aus.

MA

2016

UNGE DEAKTIVIERT „UNGE"

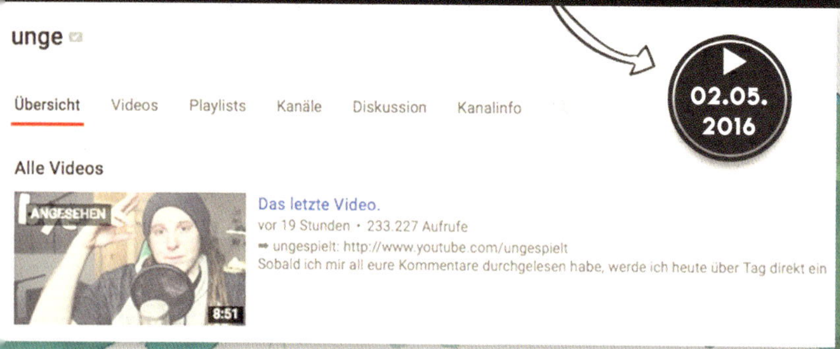

02.05. 2016

Unge stellt seinen Kanal unge auf privat!!! Einen Kanal mit 1,5 Millionen Abonnenten! Einfach weg! Was führt ihn zu diesem heftigen Schritt? ungespielt war sein erster „richtiger" Kanal, auf dem er täglich Videos hochgeladen hat. Neben ungespielt kam dann ungefilmt, gegründet mit dem Hintergedanken, dass er auf ungespielt ja keine Vlogs bringen kann. Mittlerweile hat er für sich bemerkt, dass das aber „totaler Bullshit" ist, da er sich so nur selbst einschränkt. Egal, auf elchen seiner Kanäle er sich gerade konzentriert hat, am Ende musste immer der andere Kanal darunter leiden.

„Ich will das sein, was ich von Anfang an war!"

Deshalb soll jetzt einfach alles, was er macht nur noch auf seinem Kanal ungespielt kommen. Respekt für diesen Schritt. Aber wer Unge kennt, der weiß, dass das für ihn die absolut richtige Entscheidung ist.

SEIT HEUTE KANN MAN DIE BANG! EP DER APES VORBESTELLEN!

04.05. 2016

BULLSHITTVS TRAILER ZU „TEIL III"

Das ist jetzt echt was für richtige Follower! Kennt ihr „Der Film" und „Teil II"? Um damit was anfangen zu können, muss man wahrscheinlich ein echter … Bullshitter … sein. Es gibt noch keinen Namen für die BullshitTV-Community, oder? Aber dieser hier klingt doch eigentlich ganz lustig … Jedenfalls veröffentlichen C-Bas, Chris und Phil heute ihren offiziellen Trailer zu „Teil III"!

04.05. 2016

AB 01.05. 2016

LUXEMBURG 20.05 DEN ATELIER
STUTTGART 19.05. LKA LONGHORN
BASEL 14.05. VOLKSHAUS

LENA VANILLE ZIEHT NACH KÖLN

01.05. 2016

So ein Umzug ist immer ziemlich stressig. Wer noch nie in eine eigene Wohnung gezogen ist: Glaubt uns, die ersten Tge oder sogar Wochen sieht es da immer übel aus … Lena Vanille hat aber schnell für Ordnung gesorgt. Schon eine Woche nach dem Umzug kann sie ihre Roomtour präsentieren.

08.05. 2016

Lener @LenaVanille · 1. Mai
01.05.2016 -Umzug nach Köln mit einem breiten Grinsen erfolgreich überstanden! 😁 instagram.com/p/BE3-aZ4GMa7/

Sieht ziemlich gemütlich aus!
Eine Zuschauerin fragt Lena: „Hast du ein bisschen Angst, nun alleine zu wohnen?"
Lenas Antwort: „Ja, schon ein bisschen. Aher eigentlich eher in Bezug auf Haushalt. Weil, ich hab manchmal Angst, dass ich das nicht so hinbekomme […] und hier einfach alles vergammelt, verbrennt oder […] im eigenen Schimmel erstickt."
Ach Lena, das wird schon! :D

04.05. 2016

VISCABARCA UND MARCELSCORPION – TIEFE FREUNDSCHAFT

MarcelScorpion und Anton aka ViscaBarca haben eine sehr emotionale Vergangenheit und viel zusammen durchgemacht. Als Zeichen der Wertschätzung schenkt Anton seinem Bro sein 800.000-Abo-Special mit den schönsten Momenten, die die beiden auf Kamera haben. Marcel zeigt sich in seinem Video hart gerührt. Eine wahnsinnig schöne Aktion.

SNOOZZZE VERABSCHIEDET SICH

09.05. 2016

Nach fast 2 Jahren beschließen Luke Mockridge, Joyce Ilg und Julez den von MySpass produzierten Kanal Snoozzze zu schließen. Luke: „Leider haben wir als Team das Gefühl, dass ihr mehr verdient, als das, was wir euch mittlerweile geben können. Wir schaffen es aus diversen Gründen nicht mehr, jeden Montag den Content so hochzuladen und so zu produzieren, dass wir dahinter stehen und sagen können: ‚Das ist der Snoozzze-Gemeinschaft würdig'."

FLOVLOGGT BEI #IGNITION

Flucht ist zurzeit ein großes Thema in Deutschland. Auf der #IGNITION-Bühne der Tonhalle Düsseldorf hat Florian Gregorzyk aka. FloVloggt (mittlerweile nur noch Flo) seinen großen Auftritt. Dort zeigt er Ausschnitte aus seinen Videos, in denen er Flüchtlingscamps besucht hat, und bekommt sogar die Gelegenheit, mit dem Düsseldorfer OB Thomas Geisel über die Situation in der Landeshauptstadt zu sprechen. Für Flo eine Sache, die ihn sehr stolz macht – zu Recht.

CHRISTEZZ GIBT FEHLER ZU

04.05. 2016

Fehler machen wir alle mal. Manche von uns öfter, manche noch öfter. Was vielen Leuten aber schwerfällt ist, zu diesen Fehlern zu stehen und sich dafür zu entschuldigen. ChrisTezz hat z. B. mit seinem „Homeless vs. Rich"-Prank ins Klo gegriffen, denn er hat ihn gefaked. Stark ist von ihm aber, dass er das öffentlich zugibt und das Video offline nimmt.
Gewagte These: Man kann davon ausgehen, dass der Großteil aller größeren Pranks auf YouTube wohl gestellt ist.

03.05. 2016

Und da ist er auch schon: Unges erster Vlog auf ungespielt! Nur einen Tag, nachdem er seinen Kanal unge deaktiviert hat. Für die Community stellen sich jetzt aber noch zwei Fragen: Was passiert mit all den alten Videos? Und: Kann sich Unge mal für einen Kanal entscheiden, anstatt immer hin und her zu switchen? Die zweite Frage beantwortet Simon schon, bevor der eigentliche Vlog startet. Fest steht für den Veganschnitzel-Liebhaber, dass er jetzt auf diesem Kanal bleibt, da er sich so, wie es jetzt ist, sehr wohl fühlt.

ERSTER VLOG AUF UNGESPIELT

LUKITIME SPRICHT ERNSTES THEMA AN

Welcher YouTuber raucht und welcher nicht, das wissen wir meistens nicht. Und das ist auch gut so, meint LukiTime. Schließlich geht es hier um eine Vorbildfunktion.

01.05. 2016

DNER TRIFFT PEWDIEPIE

Wenn sich zwei Felixe treffen, dann lacht man über den lustigen Zufall. Diesmal trifft aber einer der größten YouTuber Deutschlands – Dner – den größten YouTuber der Welt: PewDiePie!!!

05.05. 2016

01.05. 2016

MINIMALISMUS BY TYPISCH SISSI

Sissi möchte mit einem klaren Kopf in die Selbstständigkeit starten. Wird also Zeit, sich von allem zu trennen, was sie belastet oder ablenkt. Da ist es ihr ganz gleich ob Kosmetik, Gegenstände, digitale Daten oder Personen. Sich selbstständig zu machen ist nun mal ein großer und mutiger Schritt. Da kann ein #MinimalismusMai nicht schaden.

WorldWideWohnzimmer @twintvofficial · 21. Apr.
Liebe @webvideopreis-Academy,

starke Motive - noch stärkere Messages.
Das ist unsere #WWWahloffensive 2016.
#wvp16

02.05. 2016

WEBVIDEOPREIS PRANKT DIE TWINS

So uncool viele Pranks in der YouTube-Welt auch sein mögen – manche sind richtig gut. Die Zwillinge vom WWW wünschen sich so sehr einen Webvideopreis. Deswegen starten sie eine lustige Wahloffensive, damit sie von der Academy in irgendeine Kategorie aufgenommen werden. Am 2. Mai „veröffentlicht" der WVP dann die Nominierten. Was fällt auf? In fast allen Kategorien sind einfach mal nur Dennis und Benni aufgelistet. War natürlich nicht die echte Nominierten-Liste. End der geile Streich der Preisverleiher! Wir haben viel gelacht – und die Twins auch! XD

WorldWideWohnzimmer @twintvofficial · 5 Std.
In 34 Minuten wissen wir, ob sich der ganze Sch...alalalala gelohnt hat.
#WWWVP16

Webvideopreis @webvideopreis · 2. Mai 2016
19 Uhr - endlich ist es soweit! Hier sind die Nominierten für den Webvideopreis Deutschland 2016: videopunks.de/2016/05/02/die... #wvp16

Das sind die Nominierten beim #wvp16 (FAKE) - Vid...
Hier findet ihr die Nominierten des Webvideopreises 2016.
videopunks.de

WorldWideWohnzimmer @twintvofficial
Folge ich
Antwort an @webvideopreis
.@webvideopreis hahaahahahaha! FAST hättet ihr uns gehabt :D

Michi The Artist bei „SAG DIE WAHRHEIT"

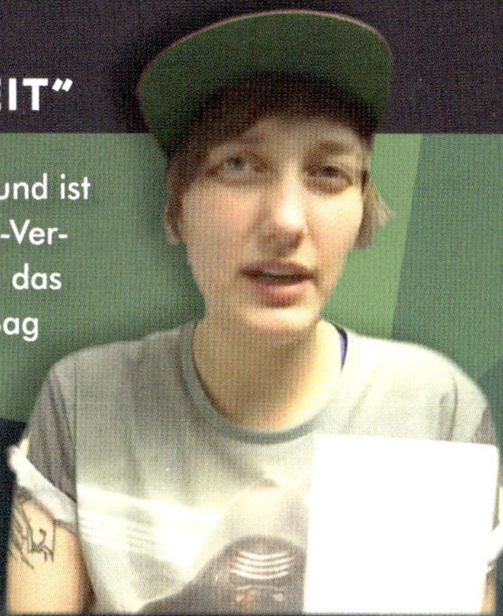

Michi heißt jetzt Lena Burggraf und ist Präsidentin des Bubble-Football-Verbands – angeblich. Aber warum das Ganze? Weil sie zur TV-Show „Sag die Wahrheit" eingeladen ist. Dort muss Smudo von den Fanta Vier jetzt herausfinden, ob sie lügt, oder doch eine echte Bubble-Footballerin ist.

06.05. 2016

Erste Collab: MORITZ GARTH UND KOSTAS

04.05. 2016

Ich musste die ganze Zeit bei den Bildern lachen 😅
Vor allem bei SchneeMIKchen 😅
Auf jeden Fall ein cooles Video und ich fänds nice wenn du noch einen zweiten Teil davon machen würdest 😊

YOUTUBER ÜBER FAME

11.05. 2016

Auf YouTube fame zu sein, ist für viele eine Wunschvorstellung. Es kann aber auch echt anstrengend werden. Um alle Seiten zu beleuchten, holt sich iBlali für ein Video die Meinung mehrerer YouTuber ein. Wir haben uns mal einzelne Punkte rausgesucht.

POSITIV:

Jodie: „Man hat Ideen und kann sie einfach umsetzen."

Dima: „Ich hab als Kind geträumt, Musiker zu sein und irgendwie sowas wie Bücher zu schreiben, und jetzt öffnen sich diese Türen. Ich hab die Möglichkeiten, das umzusetzen."

MissesVlog: „Wenn man die Leute trifft, sieht man, dass sie so mega glücklich sind. Dann macht mich das selber auch voll glücklich."

NEGATIV:

Cengiz (ApeCrime): „Dass alles, was du sagst, auf so eine Goldwaage gelegt wird. Niemand versteht mehr Humor."

Jan (ApeCrime): „Dass man nicht ernst genommen wird in der Form, dass viele Leute kommen und sagen 'Ihr arbeitet 5 Minuten am Tag. Ihr drückt auf REC und *buff* ist das auf YouTube'. Das muss ja nicht geschnitten werden und so."

iBlali selbst gibt zu: „Es ist ein cooles Gefühl, wenn viele Leute einen feiern. Und es ist eine geile Bestätigung, wenn man andere Leute unterhalten will und es funktioniert." ABER: „Es ist nicht immer geil, erkannt zu werden."

DNER VERLÄSST TUBEONE

Ein richtiger Geschäftsmann, dieser Herr von der Laden. Zwar wechselt er vom Multichannel-Netzwerk TubeOne zu Studio71, zuvor gründet er aber auch ein eigenes: 25MATE. Wobei, Multichannel kann man das nicht wirklich nennen. Es ist eher ein Künstlermanagement.

08.05. 2016

DANISWORLDS ERSTER MUTTERTAG

Wie es wohl so ist, wenn man das erste Mal am Muttertag selbst die Mami ist, die gefeiert wird? Für Dani – Debitors Frau – ist das heute der Fall. Deswegen teilt sie ihre erste Erfahrung mit der YouTube-Welt. Wie ihr euch denken könnt, ist das ein wundervolles Gefühl.

12.05. 2016

YOUTUBE KÖNNTE AUCH ANDERS SEIN

In diesen Zeiten gibt es immer wieder Leute, die sich über die aktuelle Entwicklung von YouTube aufregen. Zu viele Pranks und zu viel „Asi-Content" mit zu viel Erfolg, heißt es. LeFloid dagegen stellt sich beim Vergleich mit Früher die Frage: „War denn alles besser, und sind die YouTuber mit ihren scheiß Inhalten daran schuld? Denkt mal drüber nach!"
Die Inhalte, die so viele Leute kacke finden, werden bei YouTube eben dadurch so erfolgreich, weil sie viel geschaut werden. So funktioniert der YouTube Algorithmus nun mal. Am Ende bestimmen also die Zuschauer, was in den Trends landet. Dadurch beeinflusst die Community laut LeFloid auch, „auf was viele Leute aufspringen und was dann vermehrt hochgeladen wird. Tja, und aktuell ist das rotz fotz pipi kaka Humor Content."
Wollen Zuschauer also andere Inhalte, müssen sie auch das unterstützen, was sie lieber in den Trends sehen wollen. Denn vorhanden sind diese Inhalte. Man muss sie nur suchen.

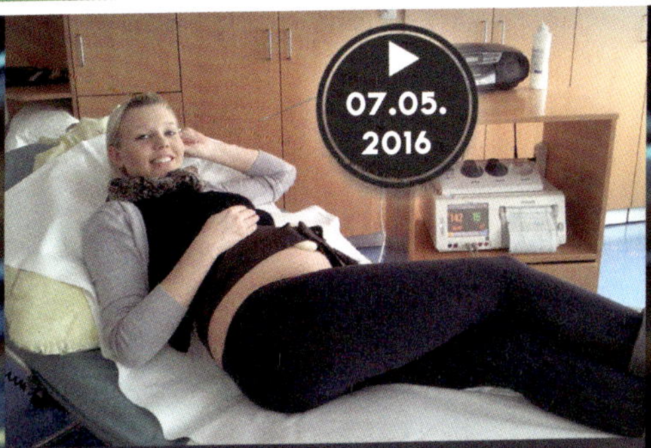

07.05. 2016

ISABEAU IST WIEDER MAMI GEWORDEN!

Monatelang hat uns die liebe Isabeau durch ihre aufregende Zeit der zweiten Schwangerschaft geführt. Jetzt ist es endlich so weit: Die kleine Pauline erblickt das Licht der Welt. Herzlich willkommen! „Alex hat das so, so gut im Kreißsaal gemacht. […] Ich bin richtig stolz auf ihn!"

MAUZ Fanfiction Challenge

Max (KranCrafter) und Luca (ConCrafter) bekommen eine MAUZ-Fanfiction von Eskay vorgelesen – und dürfen dabei nicht lachen! Lacht einer, wird der andere nass. Sie haben nämlich beide Wasser im Mund. Das Ergebnis könnt ihr euch vorstellen.
Ach, und falls jemand nicht weiß, was MAUZ ist: Das ist ihr Shipping Name. Außerdem läuft unter diesem Namen ein Minecraft-Projekt, bei dem die beiden Jungs immer Minecraft-Challenges machen.

09.05. 2016

Youtubers LiFE

WERDE EIN „YOUTUBE STAR"

Die Möglichkeit hat tatsächlich ab jetzt jeder. Denn jetzt gibt es ein Game, in dem man das Leben eines YouTubers nachspielt. Es ist sozusagen wie die Sims, nur eben in der YouTube-Welt. Wer also schon immer der größte Let's Player, Vlogger oder sonst was werden wollte, kann hier sein Glück versuchen.

DIE LONGBOARDREIFEN QUIETSCHEN

16.05. 2016

An sich war es kein schlechter Gedanke, die erste Longboardtour mit einer neuen übertreffen zu wollen. Dner, Unge, Cheng, Ju und Stephan merken aber jetzt, dass sie sich vielleicht etwas zu viel vorgenommen haben.

Dner: „Alleine, wenn ich euch das jetzt hier so erzähle, werde ich schon wieder traurig, dass das Ganze jetzt so nichts wird in dieser Form."

Unge: „Bevor wir irgendwas machen, wo wir sagen ‚Hey, das wär nicht so geil!', lassen wir das lieber sein!"

Dner und Stephan Gerick wollen aber trotzdem was starten: Eine Mini-Longboardtour von Köln nach Berlin soll es werden.

DAVIS SCHULZ DRUMMT BEI DEN BOYS VON FEWJAR

09.05. 2016

Die Band Fewjar hat ein neues Mitglied! Ab sofort schlagzeugt der YouTuber Davis Schulz bei den Jungs mit.

PS: Wir wissen selbst, dass es das Verb „schlagzeugen" nicht gibt. Aber wenn man ein Buch schreibt, dann darf man auch mal Wörter erfinden! #neologismus #dankedafürgoehte

Davis Schulz
9:05 that's the real shit. immer eine ehre mit dir zu drummen jakob.
Antworten · 61

ALTANABANANA SPRICHT ÜBER SEINEN VERSTORBENEN BRUDER

In einem seiner Videos meinte AltanaBananaTV, dass er einen Bruder „HATTE". Sofort befürchtete die Community, dass Mirko etwas passiert sei. Damit da nichts falsches in Umlauf gerät, erklärt Altana, dass Mirko nicht sein richtiger Bruder ist und es ihm gut geht. Die beiden haben nur so viel Zeit miteinander verbracht, dass Mirko für Altana sowas wie ein Bruder ist. Sein echter großer Bruder ist tatsächlich verstorben. Das ist allerdings schon lange her, als Altana erst 7 Jahre alt war.

15.05. 2016

Cengiz Eyol | Pranks&Fitness
alter hab bei dem titel krass gänsehaut bekommen, dachte mirko ist gestorben !!
Antworten · 196

SCORPI-LOOPS

UNGES EIGENE APP

Unge stellt uns seine eigene App vor. Aber wofür ist sie gut? Man kann damit
- herausfinden, in welcher Stadt sich Unge gerade befindet,
- sehen, was er auf den Social Media Plattformen postet,
- ein Game zocken,

und unterm Strich immer gut informiert sein, was in Unges Welt gerade so abgeht!

15.05. 2016

16.05. 2016

MARTINA UND CHENG TRENNEN SICH

Martina und Cheng haben sich in letzter Zeit sehr auseinandergelebt. Nach 5 Jahren bemerken sie, dass es nicht mehr richtig funktioniert, verstehen sich aber noch immer sehr gut. Am Ende des Videos zeigt Martina noch einen 12-minütigen emotionalen Zusammenschnitt aus den schönen Momenten der beiden. Man hätte aus der Sache öffentlich wieder ein riesiges Theater machen können. Stattdessen gibt es so ein harmonisches Ende. Sehr vorbildlich, finden wir!

VIRISWELT

zieht den Schlussstrich

17.05. 2016

Vor 3 Jahren hat er angefangen. Jetzt ist es allerdings für VirisWelt an der Zeit, Feierabend zu machen.
„Da ich jetzt eh schon seit Monaten nichts mehr Konstruktives auf YouTube mache, dachte ich mir, dann mach doch einfach den Sack ganz zu. [...] Ich hab versucht YouTube zu revolutionieren – bin hingefallen. Habs nachher nur noch aus Spaß gemacht, so wie mans auch machen sollte, Freunde. Irgendwann hat mir YouTube auch keinen Spaß mehr gemacht. Das liegt nicht an euch. Das liegt an mir. Und das liegt daran, dass sich der Mensch verändert." Auf Twitch kann man ihn jedoch regelmäßig bei seinen Streams weiterverfolgen.

15.05. 2016

Wenn man so gut es geht seine Freundin geheim halten muss, dann fühlt man sich schon mal hart eingeschränkt. Man darf z. B. keine Snaps oder Fotos machen, auf denen man sie sehen kann, und muss generell in der Öffentlichkeit höllisch aufpassen. Darauf hat Marcel Scorpion keinen Bock mehr. Deswegen stellt er uns jetzt seine neue Partnerin Sonny Loops vor.

„Das Kranke daran ist, wir beide haben uns in einem Video auf ScorpionPlayz kennengelernt."

17.05. 2016

Alles hat einen Anfang, nur die BrokenThumbs haben zwei. Was ihre Fans seit einigen Wochen befürchtet haben, ist nun Realität: Malte und Manuel trennen sich. Das bedeutet auch das Aus für ihr erfolgreiches Format „Alles klar!". Allerdings gehen sie nicht im Streit auseinander. Sie haben einfach gemerkt, dass sie auf professioneller Ebene nicht mehr so gut miteinander harmonieren und jeder seinen eigenen Weg gehen muss, um sich selbst zu verwirklichen. Deshalb macht Manuel zukünftig auf seinem Kanal ManuItzen weiter. Malte setzt seinen Weg auf Malternativ fort.

17.05.
2016

UNGE PLANT #0TOUR

Irgendwie hatte Unge ja schon Bock auf die Longboardtour 2.0. Auch, wenn daraus nichts wird, will er trotzdem was Spannendes unternehmen: Mit 0 Euro durch Deutschland touren.
Dabei hat er sich auch schon ein paar Regeln überlegt:

Er darf

- *Unterkunft, Essen und Strom von Zuschauern annehmen,*
- *wenn ihn jemand auf ein Zugticket einlädt, mit dem Zug fahren oder auch per Anhalter irgendwo mitfahren,*
- *aber kein Geld von Zuschauern annehmen.*

GEILE IDEE.

03.05.
2016

Michelle Danzinger, Celina Blogsta und Fancyrella auf dem Katzenpfad

29.05.
2016

Wow, es ist echt schwierig, sich über das Swiss-Tubers-Treffen in Luzern zu informieren, wenn man kein „Schwizerdütsch" kann. Aber wir sagen euch mal, was wir wissen. Also M&G steht für Meet and Greet. Dort sind einige kleine, aber auch größere Schweizer YouTuber am Start. Scheint sehr lustig zu sein, wenn man sich ein paar Tage später die Videos dazu anschaut! :)

26.05.
2016

GANGTOUR HAS

Ein ganzer Monat, 17 Städte, 3 Länder, 2 Busse und über 15 YouTuber. Die „Gang and Friends #Zweipunktnull Tour" sorgt für viele Schlagzeilen. An Cengiz Geburtstag zum Beispiel kommt Klassenfahrt-Feeling auf, als seine feierwütigen YouTube-Kollegen das Hotelzimmer stürmen und eine krasse Überraschungsparty starten. Deutlich weniger lustig ist der Schaden von 25.000 Euro, den Fans an einem Tourbus hinterlassen. Doch ApeCrime, Melina, DagiBee, Mike Singer, Simon Desue und die anderen lassen sich den Spaß nicht verderben und geben auf dem letzten Konzert in Berlin nochmal alles!

20.05.
2016

MII MII MACHT DEN PRANK KAPUTT

Die sogenannte „YouTube Polizei" schlägt wieder zu. Leon Machère und ApoRed haben es mit ihrem „Sneaker-Diebstahl-Prank" einfach zu weit getrieben. Mii Mii platzt der Kragen. Er vergleicht auf bekannt liebenswürdige Art zwei angeblich identische Videos, Original und Reupload, und beweist anhand von kleinen Unterschieden, dass der Prank nur gefaked war.

20.05. 2016

GUTE FAHRT, JUNGS!

Dner und Stephan Gerick starten die #Mini-Tour in Köln und fahren 700km quer durch Deutschland nach Berlin mit dem Longboard.

FINISHED!

19.05. 2016

FREEKICKERZ ÜBERHOLEN GRONKH

Da zieht es einem die Schuhe aus! Der deutsche Abonnentenkönig Gronkh wird tatsächlich überholt. Freekickerz – so heißen die neuen amtierenden Champions. Mit ihren Fußballvideos begeistern sie mehr als 4 Millionen Abonnenten weltweit – denn der deutsche Kanal bietet sowohl deutsche wie auch englische Inhalte. Gronkhs starke Reaktion darauf lautet: „Gut, dann mach ich jetzt eben auch Sport."

VENICRAFTS interessanter Zweitkanal

Da viele seiner Zuschauer nach der Musik fragen, die er in seinen Videos verwendet, eröffnet VeniCraft einen Zweitkanal namens „GOOD LIFE MUSIC". Dort findet man unter anderem Songs von filous, Palastic und MOUNT. Wer selber YouTube macht, kann die Tracks, die man dort findet, sogar für eigene Videos verwenden. Schaut aber vorsichtshalber trotzdem immer nochmal in die Infobox, ob das wirklich bei jedem Song erlaubt ist.

JUN

2016

02.06.
2016

DAS ENDE DER MINITOUR

14 Tage haben Dner und Stephan Gerick gebraucht, um es mit dem Longboard von Köln nach Berlin zu schaffen. Kurz vor dem Ziel empfangen einige Fans sie feierlich und motivieren sie nochmal für die letzten Meter. Damit ist dann auch die letzte Etappe geschafft: von Potsdam bis zum Brandenburger Tor. Da muss zur Feier des Tages auch mal eine Umarmung zwischen den beiden Jungs her.

MICHAEL BUCHINGER IM FRAUENKNAST?!

Das würde er nicht überleben, meinen die Schauspielerinnen Kate Mulgrew und Lea DeLaria aus der Serie „Orange is the new black". Zumindest nicht in diesem Knast. Michael Buchinger hat die Gelegenheit, die beiden Darstellerinnen in seinem Format „Michi Trifft" zu interviewen. Und wie immer macht er das unvergleichbar charmant.

vor 1 Tag (bearbeitet)
Waaaas das ist so cool dass du die zwei interviewen konntest!
Red is eine meiner Favorites in OITNB und ich liebe wie Kate Mulgrew einfach ganz gleich ist wie ihr Chara, haha.
Tolles interview, wirklich! ♪ Wirst ja ur zum Profi nun.

KATS ERSTES TATTOO

Auch Katharina Damm wagt den Schritt und lässt sich tätowieren. „Ich bin voll zufrieden und es hat auch gar nicht wehgetan."

02.06.
2016

05.06.
2016

FEWJAR BRINGT TEASER ZUM SONG „LO" RAUS

Na danke, ich seh mich jetzt schon unter der dusche schreien "LLOOOOOOOO"
Antworten • 65

VENICRAFTS NEUER LEBENSABSCHNITT

Der beginnt in den nächsten Wochen. Denn VeniCraft hat seit heute seine eigene Wohnung in Wien. Hinziehen muss er zwar noch, aber eine Roomtour gibt es trotzdem schon.

01.06.
2016

HÜLYTOPIA RÄUMT AUF

05.06.
2016

Jeden 5. Juni ist Weltumwelttag. Da nicht nur Hüly die Natur sehr am Herzen liegt, sondern sie uns allen eigentlich sehr am Herzen liegen sollte, versucht sie, Menschen dazu zu animieren, umweltbewusster zu leben. „Wenn man den Müll daliegen lässt, richtet das in der Natur viel schlimmeres an, als dass du dich einmal kurz zur Mülltonne bewegst. [...] Also es würde mich freuen, wenn ihr da irgendwie mitmacht. Es ist ja nicht nur heute Umwelttag. Jeder Tag sollte Umwelttag sein! An jedem Tag sollte man sich kümmern, dass unser Planet erhalten bleibt."

DER WEBVIDEOPREIS 2016

Der Oscar der deutschen Webvideo-Szene – so wird der Preis immer wieder genannt. Heute wird er in diversen Kategorien verliehen. Die Gewinner des begehrten Preises sind:

04.06. 2016

BEST VIDEO OF THE YEAR:
Shawn Bu & Vi-Dan Tran
„Darth Maul: Apprentice – A Star Wars Fan-Film"

PERSON OF THE YEAR - FEMALE:
Melina Sophie

PERSON OF THE YEAR - MALE:
Julien Bam

HALL OF FAME:
Y-Titty

NEWCOMER:
Datteltäter

LIFESTYLE:
BreedingUnicorns

MUSIC:
Mhokomo

COMMERCIAL:
EDEKA „#Heimkommen"

JOURNALISM:
David Hain – „Das erstaunliche Leben des Fabian Siegismund"

ARTHOUSE:
Meelah Adams „Selfie from Hell"

GAMING:
HandOfBlood

360:
Animal Equality & Thomas D
„Durch die Augen eines Schweins"

SPORTS:
Sebastian Linda „Life is a Dance"

COMEDY:
Das Netzwerk

10.06. 2016

EMRAHS 1. VLOG

Den diesjährigen Webvideopreis nimmt Emrah zum Anlass, um seinen ersten „Follow me around"-Vlog aufzunehmen.

BOOTCAMP CHECKT DIE SCHWEIZ

Vor ein paar Monaten erst hat JANAklar das Studio71 Bootcamp in Österreich gewonnen. Jetzt sucht das Netzwerk gleich mal im Nachbarland Schweiz weiter nach neuen Talenten. Moderiert wird der Spaß von Julia Graf und Sturmwaffel. Es wird Workshops, Challenges und Coachings geben, und natürlich soll auch die Crosspromo nicht zu kurz kommen!

03.06. 2016

05.06. 2016

PROPS AN KREATIVEN FAN

Tatsächlich schafft es auch ein sehr kreativer weiblicher Fan ins Jahrbuch. Auf Insta postet sie Bilder von allen Autogrammen, die sie von YouTubern gesammelt hat. Aber der Account heißt nicht umsonst @youtuber_elche. Denn Jeder, der ein Autogramm gibt, muss auch einen Elch dazu malen. Ziemlich kreative Idee. Ist vor allem ziemlich lustig zu sehen, wie unterschiedlich die YouTuber ihre Elche malen. Einer hat sogar Penisbeine.

07.06. 2016

AKTUELLE COLLAB: AQUAMARIN & MICHAEL BUCHINGER

06.06. 2016

Marspet @marspet · 9. Juni
OMGGGG ICH HAB EINE INTERVIEW-ANFRAGE VOM EUROVISION SONG CONTEST (deutsche Seite) BEKOMMEN OMGG WHAT IS LIFE???!?!?! HAPPY DANCE PARTY LOVE

MARSPET UND DER EUROVISION SONG CONTEST?

Marspet ist seit mehreren Jahren ein mega Supporter des ESC. Seine Insta-Stories glühen während und nach jedem ESC-Event! Jetzt hat er von der deutschen Seite des ESC eine Interview-Anfrage bekommen! Sein Grinsen reicht safe von einem Ohr zum anderen. Wir freuen uns mit dir!

MAANULI WÜNSCHT SICH NEUES KANALKONZEPT

Manuli @maanuli · 7. Juni
Ich möchte einfach einen Imagewechsel. Es wird langsam Zeit.

Manuli @maanuli · 7. Juni
Ich kann mich irgendwie mit 80% meiner Zuschauer nicht identifizieren und ich möchte diese "Vorbildfunktion" nicht haben.

Manuli @maanuli · 7. Juni
Ich möchte dieses Jahr noch eine Konzeptänderung machen und meine Videos Qualitativ besser gestalten.

Manuli @maanuli · 7. Juni
Ich hab grad mega viele Videos auf meinem Channel gelöscht.

07.06. 2016

WWWARUM MACHT DAT ADAM NIX MEHR?

rezo und die WWW-Twins versuchen mit einem Musikvideo, DAT ADAM wieder zu neuen Songs zu motivieren.

09.06. 2016

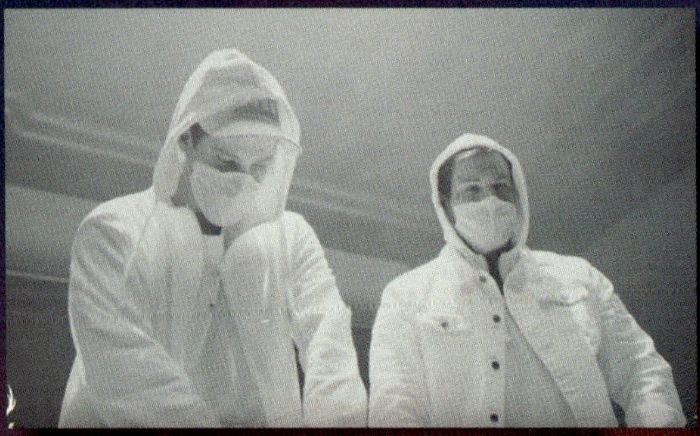

DARKVIKTORY FÜR DEN GRIMMEAWARD NOMINIERT

Allerdings nicht für TubeClash, sondern für sein Newsmagazin „BrainFed". Aber was macht dieses Format so auszeichnungswürdig? Nun, hier geht es um Aktuelles, Politisches, Internetsicherheit und lauter Dinge, die Teenager interessieren oder interessieren sollten. Dadurch, dass auch immer alle Quellen verlinkt sind, kann sich jeder selbst ein Bild davon machen, woher die Infos kommen. Tolles Projekt!

Beide Jungs sind aus Österreich. Doch kennen sie auch die Begriffe aus ihrem tiefsten Dialekt? Also wir hab uns da schwergetan. Wusstet ihr, dass „Los zua!" offenbar „Hör zu!" heißt?

DAS WAR SOBEHINDERT

Als Jan anfing, Videos zu machen, fiel ihm auf, dass man seine Behinderung vor der Kamera ja auch erkennen würde. Und da er zum Thema Behinderung auf YouTube nicht so viel fand, gründete er seinen Kanal SoBehindert. So konnte er seine persönlichen Umstände und das Interesse an Videos verbinden und einer jungen Zielgruppe näherbringen. Immer wieder hat er sich auch Gäste mit anderen Behinderungen eingeladen, um über diese zu informieren. 1,5 Jahre und 7.000 Abonnenten später ist für Jan aber Schluss.

„Ich denke einfach, mir würde es auf Dauer keinen Spaß mehr machen, regelmäßig über das Thema Behinderung zu reden."

In Zukunft möchte er eher etwas machen, worin seine ganze Leidenschaft steckt. Insbesondere will er Geschichten erzählen, und zwar auf einem technisch viel höheren Level.

TZON RELEASED SEIN ALBUM „ALLES AUF ANFANG"

DAGI BEE UND IHRE ZULA

Dagi Bee schwärmt seit Jahren abgöttisch für die süße Zwergspitz-Hunderasse – und konnte damals auch Paola dafür begeistern, sich Briochi zuzulegen. Nach langer Zeit wird nun Dagis großer Traum wahr: Zula ist jetzt offiziell ein Bienchen.

Reyst geht seinem größten Traum nach, einen richtigen Spielfilm zu produzieren! Ein ganzes Jahr will er sich für das Drehbuch Zeit nehmen. Doch seine Vision geht noch weiter. Er ruft alle kreativen und talentierten Köpfe, die etwas Filmrelevantes beherrschen, dazu auf, sich bei ihm zu melden. Wenn sie bereit sind, mit Herz und Blut an seinem Projekt mitzuarbeiten und daran zu glauben, sind sie herzlich willkommen.

„Ich glaube, wenn man all diese Leute zusammen bündelt, kann man ein Meisterwerk erschaffen. […] Ich werde alles mögliche dafür tun, um den Film so krass wie möglich zu machen!"

06.06. 2016

Lena Vanille vor 1 Woche
Du süßer Träumer. ♥
Mach dein Ding und zieh es durch -> ich bin stolz auf alles was du tust! c:
Antworten · 246

REYST KÜNDIGT GROSSES FILMPROJEKT AN

ES IST VORBEI!

15.06. 2016

Hui, der Videotitel klingt nicht so, als ginge es bei KranCrafter um was Positives. Aber er meint damit etwas sehr Gutes, denn er hat sein Abi in der Tasche und will jetzt voll durchstarten.

„Es ist vorbei. Da geht die Schulzeit von mir."

MELINA

macht ihren Führerschein!

12.06. 2016

Zurück aus Island, müssen neue Abenteuer her. Daher will Melina jetzt ihren Führerschein machen. Damit ist es aber nicht getan. Um das Ganze etwas interessanter zu gestalten, macht sie eine Vlog-Reihe daraus. Schon die erste Folge mit „dem besten Fahrlehrer der Welt" Matthias ist ziemlich lustig.

DER #TRAVELTRIP16 KOMMT

Wie auch schon im letzten Jahr macht TabooTV wieder einen #TravelTripYT. Dafür reist er quer durch Deutschland, checkt verschiedene Städte aus, trifft sich mit anderen Influencern und macht Fantreffen. In den Kommentaren kann die Community vorschlagen, wohin die Reise gehen soll.

18.06. 2016

11.06. 2016

ILONA NUROW ÜBER IHRE ESSSTÖRUNG

Ein Thema, das viele Menschen beschäftigt: Essen. Das ist zu ungesund, das hat zu viele Kalorien, das macht nur dick, dadurch werd ich nur fett … Worte, die man von allen Seiten hört. Zweifellos ist eine gesunde Ernährung nicht verkehrt, aber hungern ist eben nicht gesund. Ilona hat selbst unter einer Essstörung gelitten. Damit das anderen nicht passiert, teilt sie ihre Erfahrungen mit der Öffentlichkeit.

„Warum sollte man das tun, wenn man doch weiß: Allein das Gehirn funktioniert nur über Kohlenhydrate? Warum sollte man dann auf Kohlenhydrate verzichten? Besonders, wenn man so viele gesunde Kohlenhydrate wie Kartoffeln, Haferflocken, Brot, Früchte essen kann? Bitte reduziert weder eure Kalorien noch eure Kohlenhydrate, so wie ich das getan hab. […] Hört einfach darauf, was euer Körper braucht und möchte."

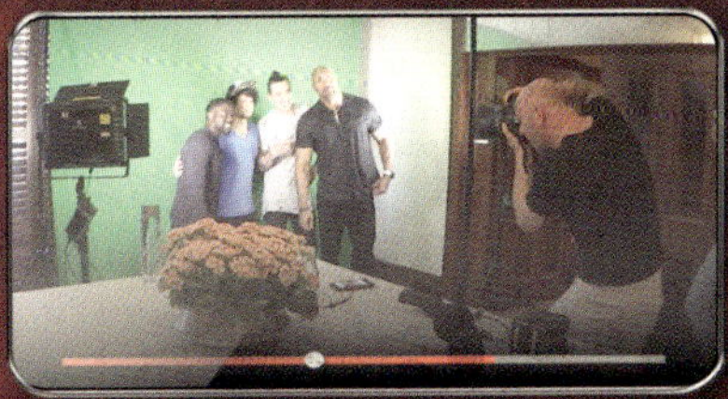

11.06. 2016

THE ROCK SCHLÄGT ALLES

„If you smeeeell what The Rock is cookin'!"
Ein legendärer Satz, der von einem legendären Wrestler kommt: Dwayne 'The Rock' Johnson. Julien Bam und seine Crew, Cheng Loew und inscope21 haben die Ehre, mit ihm und Schauspieler Kevin Hart etwas für ihre Kanäle zu drehen.

Cheng: „Es war ein unglaubliches Gefühl! […] Dwayne Johnson, muss ich ganz ehrlich sagen, ist eine der Personen, die mich krass geprägt haben die letzten Jahre über."

Lifehack: Laut Dwayne soll man bei „Schere-Stein-Papier" immer den Stein, also den Rock, wählen. Der schlägt alles! Wenn beide Stein nehmen, dann gewinnen halt beide.

DIE YOUTUBE NEXTUP 2016 GEWINNER

Es ist soweit!
Die 16 Gewinner von YouTube NextUp stehen fest. Wer hier gewinnt, bekommt von YouTube 2.250,- Euro für Produktionsausrüstung. Außerdem gibt es eine Woche lang ein Creator Camp, also eine Fortbildung. Man könnte das jetzt noch im Detail erklären, aber wir nutzen den Platz lieber für die Gewinner:

15.06. 2016

- **junggesellen**
- **ChiliChopstickz**
- **Klein aber Hannah**
- **I'mJette**
- **Ella TheBee**
- **Dillan Inn**
- **LizOrLizzy**
- **JerriesBlog**
- **Nyonya Cooking**
- **Death Come Cover Me**
- **Karin Yinyin**
- **COOKED & SHREDDED**
- **ninakutschera**
- **Tooncraft**
- **GoalKEEPERz**
- **Andre Teilzeit**

Herzlichen Glückwunsch an euch alle!

16.06. 2016

TATTOO IM MUND!

Melina erweitert ihre Tattoosammlung um ein Kunstwerk im Mund! :D Den Alien auf der Innenseite ihrer Lippe tauft sie „Ryan the Alien".

„Ich hab mir Inspiration aus dem Internet geholt, aber ich mags halt eigentlich mehr, die Sachen selber zusammenzustellen."

17.06. 2016

LEFLOIDS GEILE TATTOOIDEE

Viele haben über LeFloids neues Tattoo spekuliert. Aber es stellt weder eine Herzschlagfrequenz dar, noch die Audiowellen eines Songs. Es ist tatsächlich die Stimme seiner Freundin, die einen Satz spricht, den LeFloid nicht kennt. :D Seit 10 Jahren sind die beiden nun zusammen. Ob es weitere 10 Jahre braucht, bis sie ihm verrät, was sie da sagt? Hoffentlich ist es am Ende nicht sowas wie „Bring den Müll raus"!

STEVE HENG BEENDET VLOG-MARATHON

18.06. 2016

Seit dem 11. März arbeitet der rote YouTuber Steve Heng an seinem Ziel, 100 Vlogs in 100 Tagen zu bringen. Heute erreicht er es endlich. Zur Feier schläft Stevo di Hengo erstmal ne Runde aus.
Funfact: Er hat noch nie gesagt, ob es ihn stört, wenn man ihn so nennt.

ZEIT FÜR DIE ROAST YOURSELF CHALLENGE

Der japanische Amerikaner NigaHiga (17 Mio. Abos) ruft eine neue Challenge ins Leben: ROAST YOURSELF. Der Gedanke hinter dieser Challenge: Jeder ist ja ganz gut darin, die Schwächen von anderen zu erkennen. Für die eigenen Fehler aber ist man oft blind. Deshalb soll man „erstmal bei sich selbst anfangen", bevor man andere fertigmacht und hatet. Ein Danke von uns geht raus an NigaHiga. Denn durch seine Idee sind weltweit viele geile Videos entstanden.

Funfact: Julien Bam wurde von Ryan Higa sogar direkt dazu nominiert.

MUNICHFLASH GEHEN GETRENNTE WEGE

Keine Sorge, ein Streit ist laut Rafi und Flo nicht der Grund. Sie wollen sich neu orientieren, und das macht Rafi ab jetzt auf dem Kanal RayFox und Flo auf FloWest. Trotzdem soll aber auch weiterhin Content auf MunichFlash kommen. Außerdem wollen sie auch immer wieder beim Kanal des anderen auftauchen.

IZZI, DNER, PALUTEN UND KEDOS TREFFEN JUSTIN BIEBER AM STRAND

Und guess what?! izzi bittet Justin Bieber um ein Autogramm!

GOMMEHDS FOTOALBUM 2.0

Früher hat man sein Fotoalbum noch aus dem Regal geholt, sich hingesetzt und dann durchgeblättert. GommeHD ist aber schon längst in der Zukunft angekommen. Denn in einem neuen Format setzt er sich hin und zeigt seiner Community alte Minecraft-Screenshots von sich. Eine Zeitreise der anderen Art. Also wir feiern diese Idee.

25.06.
2016

DARKVIKTORY
räumt GRIMME AWARD ab

Wenn er etwas macht, dann steckt er auch ordentlich Mühe rein. Dieser Ehrgeiz wird jetzt belohnt. darkviktorys Newsmagazin „BrainFed – Fütter dein Hirn!" gewinnt den Grimme-Online-Publikumspreis – und das will was heißen, wenn man sich gegen 27 weitere Bewerber durchsetzt. Herzlichen Glückwunsch!

BIBIENCO SIND UMGEZOGEN

Am Anfang des Jahres haben sie es angekündigt. Jetzt ist es soweit: Bibi und Julienco sind umgezogen und zeigen uns zum ersten Mal ihren neuen Beauty Palace. Macht ganz schön was her.

23.06.
2016

21.06.
2016

PIETSMIET GEHT AUF #TOTALVERZOCKT-TOUR

Sie machen es wirklich! Die Jungs von PietSmiet gehen 5 Tage lang in 5 Städten auf #TotalVerzockt-Tour! In Hamburg, Frankfurt, München, Köln und Berlin heißt es ab heute zocken, blödeln, labern, Musik hören und schauen, was noch so passiert. Wird also mehr als nur ne lahme Autogrammstunde. Die moderne Boygroup will mit ihrer Community Spaß haben.

MICHI THE ARTIST ÄNDERT IHREN NAMEN ZU MICHI SHAW

DAGI BEE HAT SICH VERLOBT

Für viele Männer und Jungs war es ein schwerer Tag. Nachdem es lang genug Gerüchte darüber gab, ob es stimmt oder nicht, klärt Dagi uns jetzt auf.

„Dann waren wir abends vorm Eiffelturm und haben unsere Zweisamkeit genossen, und dann hat er mich gefragt. Und ich habe JA gesagt!"

Stolz zeigt sie ihren Ring und strahlt übers ganze Gesicht. Dagi Bee ist also endgültig vom Markt. Wir freuen uns für die beiden und wünschen alles Gute.

JULI

2016

GRONKH SAMMELT 40.000 EURO

01.07. 2016

Nach diversen Hochwasserkatastrophen mussten in Deutschland ständig viele Hilfskräfte ran. Da denkt sich der gute Gronkh: Komm, lass mal den Helfern helfen. Deswegen startet er einen 11-stündigen Stream, in dem er um Spenden für die Hochwasserhilfe in Deutschland bittet. Am Ende rundet er sogar noch die gesammelte Summe auf, sodass satte 40.000 Euro zusammen kommen. Stark!

02.07. 2016

ERSTES FANTREFFEN DER SCHINKEN BROTHERS

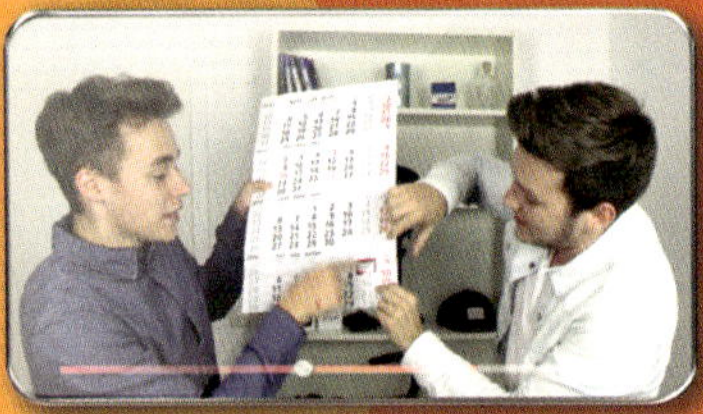

Wann? Samstag - 02.07.2016 um 13 Uhr
Wo? Münsterplatz, 89073 Ulm, Deutschland
Wenn ihr euch beeilt, schafft ihr es noch! ;-P

FALCOS ABENTEUER BEGINNT

Immer wieder hatte der junge Italiener Kontakt mit deutschen YouTubern. Bisher hat er sein Leben in Trieste verbracht. Jetzt bucht Falco sich sein One-Way-Ticket nach Deutschland. Keine Rückreise. Keine Ahnung, was ihn erwartet. Keine Ahnung, wo er wohnen soll. Er will einfach seine Zuschauer und seine YouTuber-Freunde sehen und in Deutschland ein neues Leben beginnen – oder wie er es ausdrückt: sein bisher größtes Abenteuer.

01.07. 2016

POKÉRAP MIT YOUTUBERN

Das ist sowas, das müsste eigentlich den „Jetzt-leck-mich-am-A****"-Award gewinnen, weil es so geil war!!! Da ersetzen MasterJam und Marti Fischer ganz einfach beim PokéRap die Pokémon durch YouTuber. Die Idee ist zwar simpel, aber genial! Wir feiern es!

08.07. 2016

IBLALI UND NIA BRINGEN SONG RAUS

Nur checken viele nicht, was sie jetzt damit anfangen sollen. Der Text wirke willkürlich, so heißt es in einigen Kommentaren. Worum soll es im Text gehen? Es steckt deutlich mehr Sinn dahinter, als man glaubt. Nia und iBlali erklären, dass sie in den Lyrics die Highlights ihrer Tokio Reise zusammenfassen. Aber jetzt mal ehrlich, eigentlich ist das eine recht originelle Idee, eine Reise in einem Song festzuhalten. Ob der dann gut ist oder nicht, darf jeder für sich selbst entscheiden.

JODIE CALUSSI TRITT STUDIO71 BEI

03.07. 2016

BLESS MELINA!

„Viele von euch haben es […] schon ahnen können, dass ich diesen Schritt irgendwann wagen werde, denn ich bin in love … with Iceland." Jep, es hat sich eh schon etwas angebahnt. Am Ende des Monats wandert Melina Sophie für ein Jahr nach Island aus. Ihre Bude bei den Apes in Köln will sie aber trotzdem behalten. Gut, dass sie gerade ihren Führerschein macht. In Island kann man den gut gebrauchen.

03.07. 2016

19.07. 2016

DIE ERSTE FOLGE „YOUTUBE CAMP"

Lust auf Nervenkitzel? CrispyRob und Stephan Gerick haben das natürlich. CrispyRob: „Back to the roots war unser Motto. Und mit Wurzeln meine ich nicht die Vergangenheit, sondern die Natur. Zwei Jungs, die ohne Zelt und besonders viel Equipment sich der Natur stellen […]!"
Jep, sie meinen es ernst. Zwei Nächte im Wald.
Yippie-ya-yeah!

03.07. 2016

RYOLE VLOGGT AB JETZT ÖFTER

Einen Monat lang hat Ryole keinen „Follow me around"-Vlog mehr auf seinem Kanal gebracht. Jetzt legt er wieder los und will gleich eine ganze Reihe davon starten. Der Anlass ist dabei auch ganz interessant. Denn er trifft sich mit Nia im Duisburger Landschaftspark, um sich Locations anzuschauen. Nia will nämlich ein Musikvideo drehen.

BULLSHIT RADIO incoming!

14.07. 2016

Meixner, Meixner und der Grieche von den Sektor-Bullen bekommen ihre eigene Radiosendung beim Kölner Sender 1LIVE. Zum Start führt 1LIVE die Jungs aber ertsmal hinters Licht. Man sagt ihnen, dass sie nur reines Hochdeutsch sprechen dürfen, keine Englischen Wörter. Auch Anreden wie „Alter" sollen nicht fallen. Außerdem passe der Name nicht ins Programm von 1LIVE. Statt „Bullshit Radio" heißt die Sendung jetzt „Die Sektor-Bullen". Ganz brav und höflich nicken Bullenkot Röhrengerät alles ab – und sind endlos erleichtert, als klar wird, dass sie nur veräppelt wurden. Ein ziemlich kühler Streich. Denn mal ehrlich, ohne englische Wörter wie „cool", „YouTube" oder „BULLSHIT TV" klingt einfach alles end lame! Vor allem dieser Artikel!

10.07. 2016

WAS STEHT IN MALWANNES TAGEBUCH?

Wenn man aus einem Tagebuch liest, das man mit 11 Jahren geschrieben hat, dann kann da nur Zeug drin stehen, über das man viele Jahre später nur noch lacht. Malwanne macht ein Format namens „DrawMyDiary" daraus, denn „da ich hauptsächlich Videos mache, in denen ich mich auf irgendeine Weise blamiere, lese ich euch heute daraus vor!"

13.07. 2016

EUROPA SEHEN IN DREI WOCHEN

Naja, dierumpelkiste und seinem Kumpel Albrecht Stötzner reicht auch schon halb Europa in drei Wochen. Allein das ist schon ein spannendes Abenteuer.

„Wir werden versuchen, drei Wochen lang rumzufahren und jeden Tag irgendwie in einer anderen Stadt zu sein, viele Kilometer zurücklegen, viel erleben, viel Spaß haben und einfach mal ein bisschen rumkommen."
- dierumpelkiste

12.07. 2016

UNGES #0TOUR VERZÖGERT SICH

Zum einen liegt das daran, dass Simon sich mal eine Auszeit gönnen will. Zum anderen aber auch daran, dass er gerade dabei ist, seinen Beitrag zur Roast Yourself Challenge zu drehen. Da dieses Video so geil wie möglich werden soll, will Simon es erst fertig machen, bevor die #0Tour startet.

09.07. 2016

MINECRAFT NOVUS IST GESTARTET

Ein riesiges neues Minecraft-Projekt erwartet uns da. Jeder der 23 YouTuber, die mitmachen, bekommt sein eigenes Grundstück auf der Map. Nur dort darf sich jeder auf PVP-Events vorbereiten, die dann in einer riesigen Arena ausgetragen werden. Klingt sehr, sehr geil!

HUNDEPAPA UND HAMBURGER

Mensch, mit Unge geht's diesen Monat ganz schön ab. Bevor seine #0Tour startet, teilt er noch allen mit, dass er sich ab sofort um einen Hundewelpen kümmert und nach der Tour nach Hamburg ziehen wird.

12.07. 2016

ALTANABANANA WIRD FITNESSMODEL

Früher hat AltanaBanana in einem Fitnessstudio als Trainer gearbeitet – nun geht sein Traum in Erfüllung: Er wird gesponsertes Fitnessmodel. Damit kann er ein Vorbild für alle sein, die so aussehen möchten, als könnten sie Melina bei ihren ganzen Umzügen behilflich sein! :D

11.07. 2016

05.07. 2016

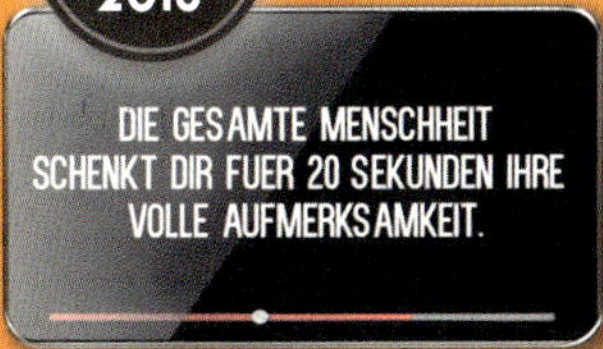

ULTRA GEILES YOUTUBE PROJEKT ... Stellt euch vor, die ganze Welt würde euch 20 Sekunden lang zuhören. Was würdet ihr sagen? Eine wahnsinnig interessante Idee, bei der sich die Gewinner von YouTube NextUp 2016 auf JerriesBlog zusammentun und ihre Antworten mit uns teilen.

Auch uns hat diese Frage nicht losgelassen. Wir haben schon ein paar von euch Zuschauern kennengelernt und wissen, dass ihr auch gerne mal nachdenklich seid. Stellt euch doch mal die gleiche Frage und schickt uns gerne eure 20 Sekunden an @starstube_sarah auf Instagram. Glaubt uns, wir sind end gespannt auf eure Videos! :)

Noch ein Auszug aus dem YOUTUBER HAUS

Fans im Hinterhof, Fans im Treppenhaus. Das Problem mit der Privatsphäre rund um das YouTube Haus in Köln will einfach nicht aufhören. Diesmal verabschieden sich Rewinside und Jodie Calussi. Aber nicht nur wegen der belagernden Fans, sondern auch wegen Schwierigkeiten mit einem Nachbarn und mit der Größe der Wohnung. Aber sie ziehen offenbar nicht so weit vom YouTube Haus weg.

16.07. 2016

FABIAN WOHNT ALLEINE?!

Eigentlich ist Fabian vom Kanal Grischistudios erst 15. Aber er zieht aus und zwar nach Köln/Bonn, weil er dort zur Schule gehen wird. WTF?! Naja, tatsächlich nicht ganz WTF! Sein Vater wird unter der Woche bei ihm wohnen und am Wochenende fährt er dann immer nach Hause. Willkommen in Köllefornia, Fabs! ;)

16.07. 2016

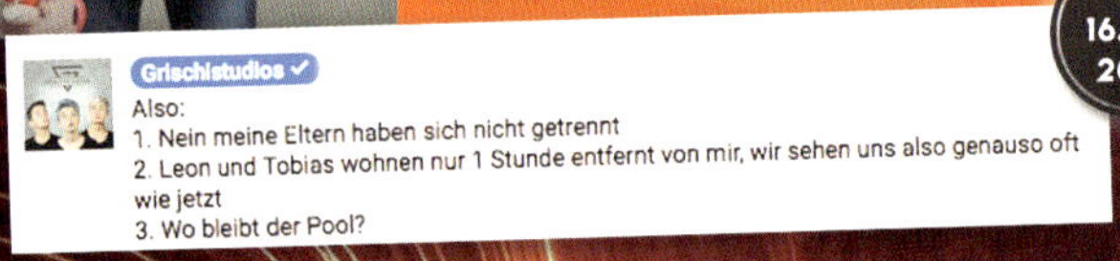
Grischistudios
Also:
1. Nein meine Eltern haben sich nicht getrennt
2. Leon und Tobias wohnen nur 1 Stunde entfernt von mir, wir sehen uns also genauso oft wie jetzt
3. Wo bleibt der Pool?

MITTERNACHT bei KostasKind

Auch wenn es zu dieser Zeit angeblich gern mal spukt und Kostas dieses Format im Dunkeln aufnimmt, geht's hier um nix Gruseliges. Naja, komm zumindest darauf an, was er so erlebt. Denn genau darüber will er in seinem neuen Format MITTERNACHT, das immer zwischen Samstag und Sonntag um 0 Uhr online geht, reden.

17.07. 2016

18.07. 2016

EINE REISE MIT VENICRAFT & JANAKLAR

Heute wurden die glücklichen Gewinner des Hellö Roadtrip Gewinnspiels bekannt gegeben. Sie dürfen Ende Juli/Anfang August mit JANAklar und VeniCraft per Bus auf einen Roadtrip. Um drei Reisen geht's, immer ist Wien der Startpunkt. Die Ziele sind Regensburg (Bayern), Ljubljana (Slowenien) und Prag (Tschechien).

Funfact: Sarah und Nicol, die Sarah oft beim Layout unterstützt hat, haben auch gewonnen, aber Sarah kann wegen der Arbeit am Jahrbuch nicht nach Prag mitfahren! Das ist Einsatz!

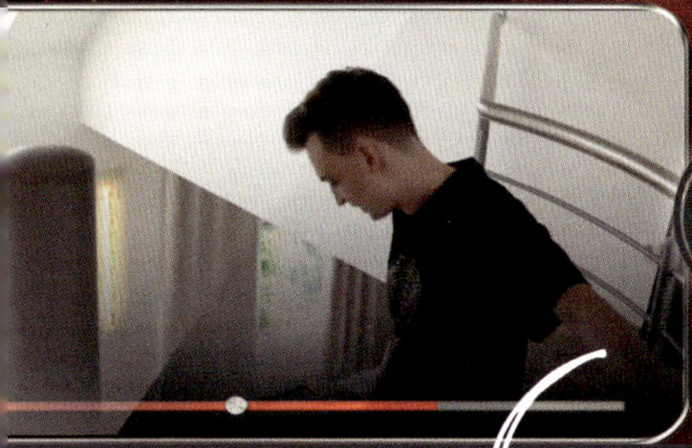

17.07. 2016

ELGATOHAUS-TOUR

Theoretisch zeigt uns ViscaBarca heute eine weitere Roomtour durch eine YouTuber-WG. Diese Bude ist allerdings besonders. „Dieses Elgatohaus ist einfach ein Gaming Haus und ein Haus für YouTuber, Freunde, die sich hier treffen können und richtig geile Videos zusammen raushauen. Sei es Reallife oder auch Gaming."

16.07. 2016

CHRIS CROSS WIRD BREAKDANCE-WELTMEISTER

Chris Cross hat ein Talent. Er kann kann überall zeigen, dass Österreich in da Heisl ist! Wo er auch antritt, räumt der You Tuber beim Breakdancen den 1. Platz ab. Eigentlich müsste man ihn Chris Krass nennen! Bei den World Championships of Performing Arts in Los Angeles County macht er sich und seine Landsleute wieder stolz und erkämpft sich dort den Titel des Breakdance-Weltmeisters. Wir sims stolz, Hawara!
Funfact: Österreicher nennen ihre Kumpels offenbar „Hawara".

ES IST FERTIG!

Die Eule an seinem Arm trägt Der Hardi schon länger mit sich rum. Doch sein Tattoo war noch nicht ganz fertig: Jetzt kommen noch die letzten Details wie Schattierungen und Farbe dazu.

16.07. 2016

19.07. 2016

MELINA
bekommt ihren Führerschein!

Und an dieser Stelle muss man Melina Sophie mal für etwas loben. Fast jede andere Person hätte nach bestandener Prüfung im Video gesagt: „Runter von der Straße! Ich darf jetzt fahren!", oder irgendeinen ähnlich ausgelutschten Spruch gebracht. Melina erspart uns das und bedankt sich höflich bei ihrem Fahrlehrer Matthias. Glückwunsch!

16.07. 2016

UNGES #0TOUR GEHT LOS

Von Köln nach Berlin – so lautet die erste Strecke für Unge. Mit an Bord am ersten Tag ist Kevin aka Papaplatte. Während die Jungs unterwegs sind, kann die Community vorschlagen, wohin Unge und wer auch immer ihn dann begleitet als nächstes reisen sollen. Das alles muss aber immer ohne Geld geschehen.

18.07. 2016

AWWW, IST DAS SÜSS!

Tiramisu ist Chans Lieblingsmeerschweinchen. Seit dem Start seines Kanals Die Meeries, auf dem sich alles um seine zahlreichen kleinen Nager dreht, ist sie dabei, und das ist jetzt schon unglaubliche 6 Jahre her. Zeit, diese Jahre in einem Video Revue passieren zu lassen!

16.07. 2016

SARAZAR LEGT AUF

Wer auf Elektromusik steht und Bock hat, Sarazar live als DJ auflegen zu sehen, der hat heute auf dem Parookaville Festival ganz gute Karten. Auf einer Nebenbühne sorgt er mächtig für Stimmung. Das wars aber noch nicht an YouTube-Künstlern auf dem Partyground. Rewi, Jodie, Kelly, Dner und seine Kati, KsFreak, Krappi, Gronkh und Dennis von PietSmiet sind ebenso am Start.

DAILYMANDT
verloben sich

Tobi hat es getan!! Mary und Tobi werden im nächsten Jahr heiraten! In ihrem Ankündigungsvideo lässt Mary die Bombe platzen und zeigt ihren wunderschönen Verlobungsring!

GAMESCOM TV AUF PIETSMIET

Die Gamescom ist ja für jeden Gamer ein – wie würden die Jungs von PietSmiet jetzt sagen? – ziemlich fetter Shit! Um die Wartezeit zu verkürzen und die Spannung zu steigern, starten PietSmiet heute ihr Format „Gamescom TV" mit einem Einblick in die Pressekonferenz. Später gibt es dann Berichte zur Messe selbst.

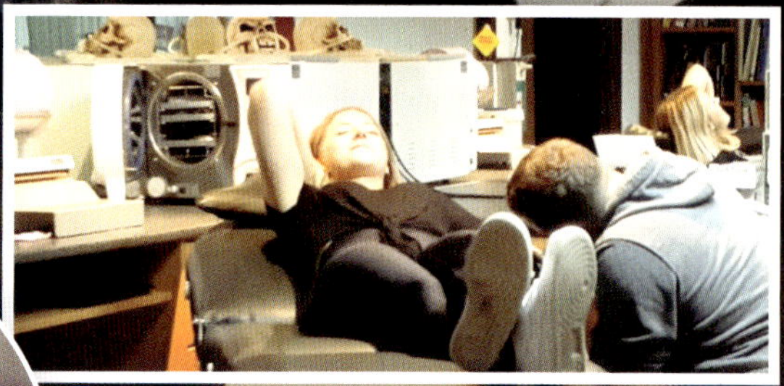

#SOIS FORTE#
SEI STARK

Das ist die Bedeutung von Ambre Vallets allererstem Tattoo, das sie sich jetzt hat stechen lassen. Dieses Motto hat sie sich auf Französisch verewigen lassen. Um das alles noch schön zu verpacken, ist der Schriftzug mit elektrisch gemessenen Herzaktivitäten in Wellenform verziert (für Fachexperten: auch EKG genannt).

„Das klassische Netzwerkgeschäft passt nicht zur unserer neuen Positionierung und Fokussierung auf die Kreation und Produktion von Content." (Michael Kollatschny)

YouTuber wie MrTrashpack, darkviktory, WWW und Herr-Bergmann müssen sich ein neues Netzwerk oder anderweitige Unterstützung suchen. Ende Juli ist Schluss.

31.07. 2016

ENDEMOL SHINE BEYOND LÖST NETZWERK AUF

23.07. 2016

HAT CHENG EIN GLÜCK

Vor ein paar Wochen noch hat er mit Dwayne „The Rock" Johnson drehen können. Jetzt trifft Cheng Loew auch noch Matt Damon (Film: Bourne Identity) während seines Vegas-Trips.

Cheng Loew @Cheng_Loew 14. Juli
Ich liebe diesen Typen!! Richtig sympathischer Dude! ❤ #MattDamon #Bourne

SCHLECKERMÄULCHEN AUFGEPASST!

Melissa alias BreedingUnicorns veranstaltet heute eine extrem abgefahrene Modenschau mit ihrem Label Mademoiselle Opossum. Ihre neue Kollektion „Sweet Tooth" ist so zuckersüß, dass man davon wirklich fast Karies bekommen könnte. Aber bei Melissa darf natürlich auch ein morbider Touch nicht fehlen. So untersucht ein Zahnarzt zwischendrin die Models in ihren super cuten Japan-Kleidchen, und KostasKind sowie darkviktory scheinen von der Zahnfee in Zombies verwandelt worden zu sein. Absolutes Highlight ist aber auf jeden Fall Melissas LED-Kleid!

27.07. 2016

AU

2016

GUST

05.08. 2016

Wenn es keinen **ERKLÄRBÄR** gäbe …

In seinem epischen „Wenn es keinen Erklärbär gäbe …"-Video fasst AlexiBexi auf ironische Weise so ziemlich alles zusammen, was auf YouTube gerade falsch läuft! Die eingefügten Emojis, verpixelten Schwarz/Weiß-Zooms ins Gesicht, die ständig erwähnten Hashtags, ständigen Aufrufe dazu, Fragen in die Kommentare zu schreiben oder einen „Daumen nach oben zu geben, damit ich weiß, dass ihr das auch genau so seht wie ich" – alles findet sich hier wieder.
Bei der Community kam das Video sehr gut an!

15.08. 2016

LENA VANILLES ERSTES MERCH

Ab heute kann man es vorbestellen. Wir reden hier aber nicht von Klamotten, sondern über was Bequemes: ein „Muli"-Kissen. Erinnert von der Form her ein bisschen an den Kackhaufen-Emoji. Ist aber noch nen Tick süßer.

07.08. 2016

KATIS GROSSER TRAUM

Heute wird er wahr! Dners Freundin bekommt ihr absolutes Traumauto: ein winziges, aber nicht cleveres Cabrio. Jetzt sollte sich jeder was darunter vorstellen können, ohne dass wir ungewollt Werbung für den Hersteller machen müssen. ;)

09.08. 2016

WIE SIND EURE VIDEOS?

Ihr seid YouTuber und wollt, dass eure Videos konstruktives Feedback bekommen? Martin vom Kanal CAMERA CAVE bietet sogar noch mehr. Er zeigt euer Video auf seinem Kanal und bietet euch damit auch noch eine Plattform. So kann euch auch die Community gute Tipps geben. Sein Angebot richtet sich an alle Kanäle, die im filmischen Bereich unterwegs sind und hochwertige Videos produzieren. Eine geile Formatidee, vor allem, weil sich kreative Köpfe dadurch gegenseitig unterstützen können.

UNGE ÜBERNACHTET BEI OSKAR

Unges #0Tour ist mega im Gange. Heute reist er nach Friedrichshafen, also ganz in die Nähe des YouTubers Oskar. Der will auf jeden Fall bei Unges Fantreffen vorbeischauen. Wie der Zufall es so will, begegnen sich die beiden Vlogger schon vorher und klären, dass Unge bei ihm pennen wird. Oskar freut sich wie ein Schnitzel.

Kleiner Auszug gefällig?

Unge: „Wir wollten in Konstanz übernachten, deswegen wollten wir dich mal anschreiben."
Oskar: „Mich?"
Unge: „Weil du in Twitter geschrieben hast, ihr habt ein Gästezimmer!" *lacht*
Oskar: „WIRKLICH?!"
Unge: „JAAA." *lacht*
Oskar: „Wir haben zwei Gästezimmer!"
Unge: „Ja deshalb dachte ich mir, ich schreibe dich einfach mal an." :D
Oskar: „OH MEIN GOTT, es kann nicht mehr witziger werden!" *überrascht*

02.08. 2016

06.08. 2016

DIE #0TOUR ENDET IN SALZBURG

Salzburger erkennt Unge: „Du bist nicht Unge?!"
Unge: „Nene."
Das ist wohl DAS Gespräch der #0Tour geworden. Zumindest hat Unges Community diese Situation in den Comments hart gefeiert. In Deutschland, in der Schweiz und auch in Österreich war Simon für 0 Euro unterwegs. Zum Glück hatte er auch den wirklich talentierten Magier / Zauberer Alexander Straub mit dabei. Durch seine Shows auf der Straße konnten die Jungs sich sogar genug Kohle verdienen, um mit dem Zug wieder Richtung Heimat zu fahren.

„Ich kann nicht mehr, ich bin so fertig." – Unge
Unge lässt noch offen, ob er ab jetzt jedes Jahr eine #0Tour machen wird.

19.08. 2016

NEUES ALBUM #ZWILLING IST ENDLICH DA

Heiko und Roman Lochmann aka. DieLochis bringen heute ihr neues Album #zwilling mit 13 Songs raus. Gleichzeitig mit dem Release starten die Jungs mit einem fetten Tourbus ihre „Selfie-Tour" durch Deutschland, Österreich und die Schweiz.

12.08. 2016

MICHAEL BUCHINGER WIRD PRAKTIKANT

Egal, was Michael bisher gearbeitet hat, er hatte immer Schwierigkeiten damit, es seiner Oma zu erklären. Das Problem: Alle Jobs fanden eher im Internet statt. Also checkt er jetzt in seinem Format „Michaels Praktikum" Jobs aus, die auch Großeltern verstehen. Ob als Essenslieferant, im Servicebereich oder als Winzer in den Weinbergen, Michi holt hier auf unterhaltsame Weise seine Berufserfahrung nach. Außerdem ist es ganz geil, um zu schauen, was einen bei manchen Jobs so erwarten würde.

10.08. 2016

WER WIRD MARY M.S TRAUZEUGIN?

Und es wird niemand geringeres als Bibi von BibisBeautyPalace.
„Ich freue mich so sehr, dass sie JA gesagt hat. Ich hatte zwar keine Angst, dass sie NEIN sagen wird, aber ich war trotzdem so aufgeregt und ich bin so glücklich."

21.08.
2016

Fynn Kliemanns **HEIMWERKERKOLLEKTION**

Monatelang haben Fynn Kliemann und seine Familie an seinem neuen Merch gebastelt. Seit heute ist es draußen. Fynn selbst ist ja schon ein ganz besonderer Mensch – und sein Merch ist genauso. Auf seine Ideen muss man erst mal kommen. Ein Heimwerker-Shirt, das extra so lang geschnitten ist, dass man die A****-Ritze nicht sieht, wenn man sich bückt?! Irgendwie komisch, aber auch genial.

Die Kohle, die dadurch reinkommt, will er so lange sparen, bis er sich davon einen roten Radlader kaufen kann.

24.08.
2016

SEXUELLE BELÄSTIGUNG VON YOUTUBERN

Das hier ist ein schwieriges Thema, das man vorsichtig angehen sollte. Wir wissen nicht, ob die Geschichte, die Silvi Carlsson erzählt, sich so zugetragen hat, und wir wollen uns auch nicht anmaßen, darüber zu urteilen. Fakt ist aber, dass solche Dinge vorkommen und absolut nicht in Ordnung sind. Deshalb teilen wir ihre Story mit euch. Bei der Aftershowparty des Webvideopreises, so Silvi, wird ihr von zwei großen YouTubern angeboten, dass sie einen Push für ihren Kanal bekäme, wenn sie ihnen einen sexuellen Gefallen tut. Sie fühlt sich dadurch natürlich massiv belästigt. Das wirklich Schlimme an der Sache ist aber, dass ein Jurist ihr später auf ihre Nachfrage sagen muss, dass eine solche Aktion nicht ausreicht, um jemanden wegen sexueller Belästigung anzeigen zu können. Dafür muss offensichtlich mehr passieren. Das, was passiert ist, zähle nur als Beleidigung. Und das ist das tatsächliche Problem, völlig unabhängig davon, wer belästigt wird und von wem die Belästigung ausgeht: Immer muss erst etwas passieren, bevor man was machen kann. Ganz schön schäbig.

Aber Mädchen und Frauen sollten sich davon niemals entmutigen lassen, den Mund aufzumachen!

26.08.
2016

DANERGY & ARMAN! VS. LISA & LENA

Dass Lisa & Lena in Sachen musical.ly die absoluten Spitzenreiter in Deutschland sind, muss man wohl keinem mehr erzählen. Aber auch Ash hatte bei Pokémon weniger Fans als Gary und trotzdem musste er ihn irgendwann herausfordern. Deswegen machen Danergy und Arman! jetzt den Ash und vergleichen ihr Können mit dem der Zwillinge. Lisa & Lena feiern das ziemlich.

22.08.
2016

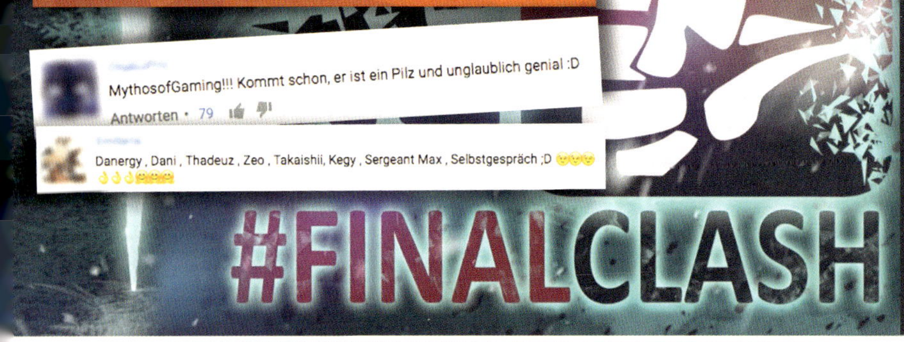

DER FINALCLASH KOMMT ...

„Sie sagen: Das heutige YouTube sei schlechter. Wir sagen: YouTube ist wie ein Eisberg und ihr sucht nur am falschen Ort. […] So viele bleiben im Schatten der Großen ungesehen und sind doch diejenigen, die wir vermissen."

Genau deswegen startet darkviktory den Aufruf, dass die Community YouTuber mit weniger als 150.000 Abonnenten vorschlagen soll, die es dann in den FinalClash schaffen können. Denn auch gute kleinere YouTuber sollen ihre Chance bekommen.

AB 17.08. 2016

Die Gamescom geht wieder los. Endlich wieder Schlange stehen, um neue Games anzuzocken, wunderschöne Cosplays sehen und tonnenweise Gratiszeug abstauben. Natürlich trifft sich hier auch wieder alles, was die deutsche YouTube Gaming Szene zu bieten hat. Vlogs von Unge, Jokes von Gronkh, Zocken mit Dner, Moderationen von izzi, Lachen mit den Rocket Beans, Entscheidungen von Stephan Gerick … Es gibt einfach so viele geile Sachen und geile YouTuber, die dieses Event ausmachen. Das einzige, was nicht so geil ist: Nach den 5 Tagen tun die Beine einfach heftig weh.

Eins von unzähligen Highlights dieses Jahr? Gronkh singt zusammen mit Spieleentwickler Poki von Daedalic Entertainment im Bootshaus den Song „Nadel und Faden“ aus dem Adventure „Edna bricht aus“. #strassenbau

GAMESCOOOOOOOM!!!!!!!!

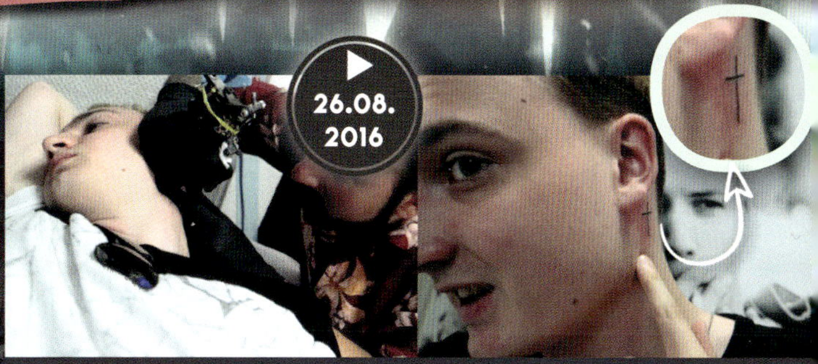

26.08. 2016

DUELE MUCHO? MUY RAPIDO!

Das ist Spanisch. Der erste Teil bedeutet: „Tut das sehr weh?“. Diese Frage stellt ViscaBarca seinem Latino-Tätowierer in München. Der sagt, dass es schnell vorbei ist. Sehr schnell heißt auf Spanisch „Muy rapido“. Mann, wie viel man mit diesem Buch hier lernen kann! Mehr als bei anderen Jahrbüchern! ;-P
Ein christliches Kreuz hat sich der YouTuber neben sein Ohr tätowieren lassen. Warum ein Kreuz?

„Ich hab ja schon mal gesagt, dass der Glaube bei mir echt ein sehr, sehr wichtiger Bestandteil ist in meinem Leben. […] Mir hat der Glaube an Gott sehr, sehr viel geholfen in meinem Leben.“

19./20.08. 2016

2016 IN KÖLN
VIDEODAYS

Wenn 15.000 Fans und alle möglichen YouTuber aus ganz Deutschland, Österreich und der Schweiz sich an einem Punkt versammeln, dann laufen gerade die VideoDays in Köln. Hauptacts wie DieLochis, KsFreak, Lisa & Lena und ApeCrime sorgen am Showday wieder für ein heftig lautes Gekreische in der Lanxess Arena, dass Eltern schwindelig wird. Besonders ist dieses Jahr, dass zum ersten Mal der ViViSoCo (Videovision Songcontest) auf der VideoDays Bühne ausgetragen wird. Jeder konnte sich online für die Teilnahme bewerben. Wer die meisten Votes bekommt, schafft es dann auch auf die Stage.
Der Gewinner dieses Jahr: Mario Novembre.

WEITERE HIGHLIGHTS:
ApeCrimeTV, Jarow, ConCrafter, Emrah, Kelly MissesVlog, Made My Day, Leon Machère, Joyce und KsFreakWhatElse.

VERLEIHUNG DER VIDEODAYS PLAYAWARDS:
Musik: Lukas Rieger
Legends: BibisBeautyPalace
Newcomer: Rezo
Information: Felixba

SEPT

2016

EMBER

MIRELLA SETZT EIN ZEICHEN

10 Minuten lang regt sich mirellativegal in ihrem Video über einen Kerl auf, der ein hart frauenfeindliches Video auf Facebook hochgeladen hat. Das Erschreckende: Das Ding hat auch noch Erfolg und wird in den Comments von Kerlen, teilweise aber auch von Frauen, gefeiert. Da reicht's Mirella gewaltig. Sie liest dem Typen, der das Video gemacht hat, mal ordentlich die Leviten. Die Message geht aber auch an alle raus, die so ähnlich denken wie er.

„Ich will euch mal was sagen! […] Eine Frau kann mit ihrem Körper machen, was sie will. Sie kann ihn zeigen, so viel sie will. Sie kann ihn verdecken, so viel sie will, weil es ist ihr verdammter Körper und none of your business (auf Deutsch: geht dich nen Scheißdreck an)! Und das gibt dir nicht das Recht, sie als Schlampe zu bezeichnen, und vor allem nicht das Recht von ihr zu erwarten, dass sie mit dir ins Bett steigt!"

09.09. 2016

14.09. 2016

ALLES KARL!!!

Verwirrung bei der Community! Malternativ nennt sein Video „WIR sind ZURÜCK". Sofort geht das Gerede los, dass er mit Manultzen die Show „Alles klar!" wiederbeleben wird. Doch genau das macht er nicht. Ein Fake-Manultzen als Partner und die Änderung des Formats zu „ALLES KARL" sollen erst recht zeigen, dass Malte nicht an einem Comeback der Show interessiert ist.

„Für mich ist dieses Video ein sehr angenehmer Schlussstrich, der so konkret bisher einfach nicht gezogen wurde."

YOUTUBE GAMING STARTET

01.09. 2016

Was Gaming-Livestreams betrifft, hat Twitch absolut die Oberhand. In dem Bereich würde YouTube aber auch gerne mehr mitreden. Deshalb gibt es jetzt „YouTube Gaming". Hier wird sich komplett aufs Zocken und Livestreamen konzentriert. Das Motto ist: „Von Gamern für Gamer".

SINAS ANSAGE DER ANDEREN ART

07.09. 2016

Ansage-Videos kennen wir ja nur allzu gut. Das von Sina aka fraeuleinchaos ist aber ganz anders als das, was wir am häufigsten sehen. Denn es richtet sich an ihren Vergewaltiger.

Sie nennt es aber nicht Ansage, sondern „Ein offener Brief". Das passt auch viel besser, denn sie geht das nicht aggressiv an. Wir könnten uns jetzt hart bemühen, um die Message ihres Videos gut rüberzubringen. Aber wir denken auch, dass niemand ihre Message besser rüberbringen kann als sie selbst. Ihren Aufruf an weitere Opfer von Vergewaltigungen wollen wir aber trotzdem zitieren.

„Es ist wichtig, dass du dich davon nicht unterkriegen lässt und diesen Mann oder diese Frau den Rest deines Lebens bestimmen lässt. Und solange Menschen – Männer oder Frauen, Jungs oder Mädchen – vergewaltigt werden, ist es wichtig, dass man das zur Sprache bringt. Denn Schweigen schützt die Täter, und potenzielle Opfer wiegen sich in falscher Sicherheit."

WIR WERDEN ELTERN!

Was hätten sie auch anderes tun sollen? Gong Bao muss für ein Projekt eine längere Zeit weg. Seine Freundin Jessabelle Kiko wäre dann ja „voll lonely". Sie braucht einen Homie. Darauf Bao: „Yo Girl, ich besorg dir einen Homie!" Jetzt sind die beiden glückliche Eltern von wei kleinen Katzen.

10.09. 2016

08.09. 2016

KELLY & JODIE – MISSION IN AFRIKA

Wilde Tiere wie Elefanten werden einfach gejagt und umgebracht. Die Naturschutzgebiete sollen weg, damit Konzerne das Gebiet industriell nutzen und dort Geld machen können. Das darf in Tansania in Afrika nicht einfach so passieren. Deswegen unterstützen Jodie Calussi und Kelly MissesVlog den WWF und schauen sich vor Ort mal an, was da so abgeht.

PACHUCO MODERIERT TUBEMUNICH

17.09. 2016

TubeMunich ist ein regelmäßiges Treffen für YouTuber und Fans in München. In lockerer Runde kann man hier über Kanäle, Technik, Tipps und Tricks quatschen. Für die Moderation ist sonst Steve Heng zuständig, doch im September darf auch Pachuco mal ran und für Abwechslung sorgen. Das Experiment geht auf! Mit CrispyRob als Stargast und Pachuco als Stimmungskanone läuft der Abend rund. Um in einem Video zu zeigen, wieviel Spaß alle haben, heizt Pachuco den Leuten richtig ein – und steckt sie damit voll an. Ergebnis des Ganzen: Alle sind wirklich mindestens so übertrieben gut drauf, wie im Video zu sehen!

04.09. 2016

LADIES AND GENTLEMEN... DAS KLIEMANNSLAND!

Der Heimwerkerking himself, Fynn Kliemann, hat sich mit Freunden und Freundesfreunden einen Hof zugelegt, auf dem er seinen eigenen Freistaat aufbaut:

Das Kliemannsland!

Das Kliemannsland ist ein Spielplatz für Kreative, Handwerker und Visionäre, und das Wachstum dieses einzigartigen Projekts kann man jede Woche bei YouTube mitverfolgen. Wenn man einmal da war, will man nie wieder weg – versprochen! Schnapp dir 'n Stuhl und schau rein!

30.09.
2016

DIE IDEE VON GLÜCK

Bei den Münchner YouTubern Zeo und YoshTard gehört es mittlerweile schon zur Tradition, einmal im Jahr einen Spielfilm auf YouTube rauszubringen. Jep, wir reden hier von einem Video, das 90 Minuten dauert, keine Pranks oder Challenges beinhaltet und bei dem der Schnitt so kunstvoll wie möglich gestaltet ist … und das trotzdem auf YouTube Erfolg haben soll. ;-P
Wieder einmal haben die Jungs bei ihrem neuen Film „Die Idee von Glück" eine reife Leistung hingelegt. Im Vergleich zum letzten Film haben sie sich sogar deutlich gesteigert. Mit einem starken Team im Rücken und schauspielerisch guten YouTubern (Jonas Ems, sophiedoesrandomstuff, Davis Schulz, LukiTime) ist das Projekt für die Jungs ein voller Erfolg. Auch nächstes Jahr soll wieder ein neuer Spielfilm kommen.

#MakeYouTubeGreatAgain Denn Zeo, das hast du dir wirklich verdient. Mit der Mühe und Arbeit die hinter deinen Kurzfilmen und Videos steckt, hast du dir echt mehr Beachtung verdient.

SINGLE NACH 1050 TAGEN

Wenn man nach einer langen Beziehung wieder Single ist, dann nimmt das einen immer richtig mit. MasterJam war fast drei Jahre – genau genommen 1050 Tage – in einer Beziehung. Beendet ist sie zwar schon seit Mai, aber jetzt wird er auch die Wohnung verlassen, in der er mit seiner Freundin zusammen gewohnt hat, und nach Köln ziehen. Für ihn ein krass emotionaler Moment, den er mit uns teilt. Kopf hoch!

25.09.
2016

18.09.
2016

LEANDRO PALME TANZT BEI JUSTIN BIEBER

Die Lanxess Arena in Köln ist ja schon ziemlich riesig. Dort mal auf der Bühne zu stehen und zu performen ist bestimmt ein geiles Gefühl. Bei Leandro Palme kommt es aber noch besser. Der 12-jährige tanzt für sein Leben gern – und das auch ziemlich gut. Nachdem er schon für Chris Brown und Pharrell Williams tanzte, steht heute ein weiterer Meilenstein an: Justin Bieber! Wir freuen uns hart für dich.

WIR BADEN IN …

An dieser Stelle machen wir mal ein soziales Experiment. Ein Jahrbuch soll einen ja nicht nur an schöne Dinge zurückdenken lassen. Es hilft auch dabei, zu sehen, ob man sich verändert hat und ob man etwas, was man früher gemacht hat, heute immer noch tun würde. Wie zum Beispiel in Chilisoße, Chicken Wings, Glitzer, Hühnereiern, Dachziegeln, Knödelwasser, YouTube Money, Stripclubs … ach keine Ahnung in was noch allem baden.
Schaut euch diese Videos irgendwann später, z. B. heute, nochmal an und findet heraus, ob euer Zukunfts-Ich, also ihr im hier und jetzt, das immer noch so witzig findet wie euer Vergangenheits-Ich. Na …?

17.09.
2016

IN LIEBE, ICH!

Oft wird man von anderen auf die eigenen Makel reduziert. Manchmal werden Menschen deswegen sogar ausgegrenzt oder angegriffen. Es gibt Zeiten, in denen man sogar anfängt, Fehler an sich selbst zu suchen oder sie sich einzureden.

Doch es sind genau diese „Makel", die uns auszeichnen, die uns so unterschiedlich machen und die dafür sorgen, dass die Menschen, die uns lieben, uns eben lieben. Es sind also eigentlich keine Makel, es sind Eigenschaften. Eigenschaften, die jeden von uns besonders und einzigartig machen.

YOUTUBER ÜBER SEXISMUS

Suzie Grime muss sich wohl oft anhören, dass sie den Leuten mit ihrem ständigen Gerede über Feminismus auf die Nerven geht. Damit sich das mal ändert, lässt sie jetzt zum Thema Sexismus andere YouTuber sprechen. Wo liegen da die Probleme in unserer Gesellschaft?

Andre Teilzeit: „Dir wird gesagt, welche Farbe du mögen sollst, was für Aktivitäten deinem Geschlecht entsprechen, welche Kleidung du tragen sollst. [...] Wenn du dann in einem Alter bist, wo du wirklich anfängst, Sachen zu hinterfragen, [...] dann hast du das schon so verinnerlicht, dass du das erstmal selbstverständlich siehst, bis es dann wirklich mal zum Thema wird."

Michael Buchinger: „Dadurch, dass ich so oft für ein Mädchen gehalten wurde, ist mir aufgefallen, wie die Leute mit Mädchen sprechen. [...] ‚Na du kleine Maus, bist du in dieses Geschäft gekommen um dir ein Bonbon zu kaufen?' Wenn die Leute mich als Jungen erkannten, dann haben sie nie so mit mir gesprochen. Und ich fand das immer ganz eigenartig. Ist das wirklich der Alltag für Mädchen?"

mirellativegal: „Wenn es zum Beispiel darum geht – aktuelles Thema – spielt man Pokémon Go? Und jemand sagt dir: ‚Hä, aber die kann doch nicht besser sein als ihr Freund bei Pokémon Go.' Oder bei Mario Kart: ‚Ja, gut, dass du gerade gewonnen hast. Stell dir vor, du hättest gegen deine Freundin verloren. Deine Freundin mit ner Vagina. Wie peinlich wär das denn gewesen?!'"

Das waren nur drei der wirklich vielen Kommentare in diesem Video. Die Message wird deutlich: Die Welt braucht Feminismus, denn er hilft der Gesellschaft dabei, alltäglichen Sexismus zu hinterfragen, der schon so selbstverständlich in den Köpfen der Menschen ist, dass sie ihn oft kaum noch bemerken.

„Versuche nicht perfekt zu sein, denn du bist es schon." Immanuel Kant

Genau diese Message wollen die Gewinner von YouTube NextUp 2016 mit ihrem Video „In Liebe, ich!" rüberbringen.
„Versuche nicht perfekt zu sein, denn du bist es schon." Eine wunderschöne Idee von DieseNina. Anschauen lohnt sich.

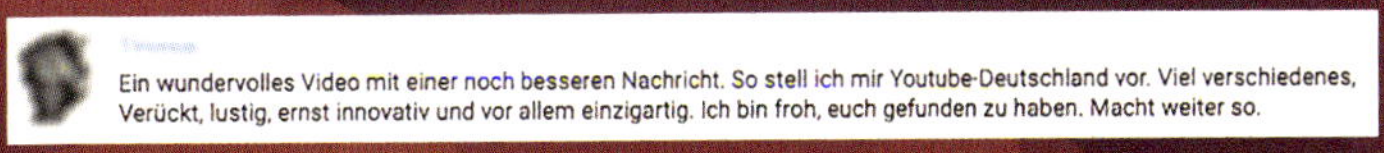

OKT
2016

OBER

10 JAHRE KALTSPIEGEL

02.09. 2016

Ganz ehrlich, vergesst Abozahlen und Views! Beides völlig egal. Wenn es eine Legende in YouTube Deutschland gibt, dann ist es coldmirror. Seit 10 Jahren macht sie schon Videos auf YouTube. Egal, ob Kunsttipps mit Hauke, Harry Potter Synchros, schlampig gezeichnete Japanoschlampen, Misheard Lyrics oder ihre neueste Serie „Star Star Space", diese Frau unterhält uns schon ein Jahrzehnt und hat immer ihr eigenes Ding durchgezogen. Wir sind stolz auf dich Kaddi und freuen uns mit dir auf die nächsten Jahre! ;)

> Die Videos von Kaddi fühlen sich immer irgendwie nach Heimat an.
> Antworten · 379

> Freshtorge
> Du warst der Grund, wieso ich mit Youtube angefangen habe! Und... du warst sie erste, die mir an mein Postfach geschrieben hat :D :D :D Auf die nächsten 10 Jahre :-)
> Antworten · 372

03.10. 2016

ITSCOLESLAW SPENDET 35 CM HAARE

Wenn man viele Jahre lange Haare hatte, dann ist das schon ein schwieriger Schritt, sich die einfach abschneiden zu lassen. ItsColeslaw trennt sich jetzt aber von ganzen 35 cm. Das ist verdammt viel! Damit will sie natürlich Aufmerksamkeit, aber für eine gute Sache. Sie spendet ihre Haare nämlich. Dadurch kann daraus eine Perücke für ein krebskrankes Kind gemacht werden. Wenn ihr euch also auch mal von euren langen Haaren trennen wollt, spendet sie vielleicht lieber, als sie in den Müll zu kehren. Damit könnt ihr einen kranken Menschen sehr glücklich machen.

08.10. 2016

UNGE REAGIERT AUF „MY JOB"

Es würde uns ja nicht wundern, wenn der YouTuber My Job irgendwann einen Musik-Hit produziert, der dann in jedem Laden läuft. Er nimmt immer Ausschnitte von YouTubern aus ihren Videos und mixt daraus einen Song. Die laufen so gut, dass sogar Unge My Jobs Remix namens „TANZVERBOT" über TANZVERBOT findet und es feiert.
Darüber freut sich ein My Job natürlich hart.

02.10. 2016

2016 IN BERLIN VIDEODAYS

Eigentlich hätten sie schon am 15. Mai stattfinden sollen. Aus organisatorischen Gründen verschiebt der Veranstalter die VideoDays 2016 in Berlin aber auf den 2. Oktober 2016. Ein riesiges Fest ist es dieses Jahr zwar nicht, dafür ist die Stimmung in der Metropolis Halle aber trotzdem sehr gut.

Funfact: Die Nudeln mit Tomatensoße am Essensstand waren echt mega lecker!

02.10.
2016

DAS UFO IST GELANDET!

Endlich haben sie den Platz, den sie brauchen. Auf 200 m² verteilen sich Paluten, Dner, Sturmwaffel, Rewinside und izzi in ihrem neuen Büro, dem UFO, um sich gemeinsam auszutoben. Endlich können sie in Ruhe über Voltaire oder klassische Musik reden, oder eben einfach coole Gaming- oder Sonstwas-Projekte starten. Aber warum heißt das Ding eigentlich UFO?

Sturmwaffel und Dner erklären es uns: UFO steht für „Unser/Ultra fettes Office". Logisch, oder?

RÄTSEL

Nia ist auf eine besondere Idee gekommen. Er fordert seine Community auf, ein Wort oder Thema zu posten. Hinterher will er dann einen Song daraus machen. Gesagt, getan! Sein neuer Song heißt „Rätsel".

03.10.
2016

WHAT THE „FUNK"

Schon lange versuchen die öffentlich-rechtlichen TV-Sender es hinzukriegen, die jüngeren Leute zu erreichen. So richtig gut ist es ihnen aber bisher nicht gelungen. „funk" soll das jetzt ändern. Bis zu 45 Millionen Euro im Jahr wollen ARD und ZDF in werbefreie Webvideoformate investieren. Die laufen dann entweder auf ihrer eigenen Seite, auf YouTube, Snapchat, Facebook oder wo Internetvideos sonst noch zuhause sind. Mit mehr als 40 verschiedenen Formaten wie Wishlist, Y-Kollektiv oder Kliemannsland geht „funk" an den Start. Aber auch internationale Serien wie „The Aliens" und „Fargo" sind mit im Angebot.

TheSimpleClub ist ein Wissenskanal und zugleich eine Lernplattform für Schüler und Studenten. Hier gibt es Lernvideos, Übungen und sogar Spickzettel. Wer sich gezielt nur für Nachhilfe interessiert, wird auf der zugehörigen App fündig. An eben dieser App haben TheSimpleClub jetzt ein wenig gefeilt und zeigen der Welt die Features, die sie am geilsten finden.

07.10.
2016

THESIMPLECLUB UND IHRE FEATURES

DIE LOCHIS PRÄGEN DEN SCHÖNSTEN INTERNET-MOMENT

NEO MAGAZIN Royale

Na, wer kennt noch „Wetten, dass …"? Das war so ne Sendung im ZDF, die früher mega gehyped wurde, in der es um Challenges ging. Damals nannte man die halt „Wetten". Die Show wurde mittlerweile nach vielen Jahren abgesetzt. Doch Jan Böhmerschalk belebt sie für einen Abend wieder. Und für diese eine Show soll ein TV-Moment wiederholt werden, der in die deutsche Fernsehgeschichte eingegangen ist. Damals performte Michael Jackson seinen wahnsinnig (keine Ironie) genialen „Earth Song". Das machen die Lochis jetzt auch mit einer echt geilen Show – und sie singen das sogar selbst, genauso Live wie Michael damals.
Ein so schöner Internet-Moment, dass wir kurz dabben müssen. Moment, war dabben im Oktober 2016 eigentlich noch in?

20.10. 2016

HILGU FORDERT ZU BEWUSSTEREM KONSUM AUF

Sicherlich soll jeder selbst entscheiden, was und wie viel er einkauft. Würden aber alle Menschen auf der Welt so viel konsumieren wie wir Europäer, dann bräuchten wir 3 Erden, um den Bedarf zu decken. Deshalb hat Hilgu einen Vorschlag. „Weniger konsumieren hat viele Vorteile. Ihr gebt weniger Geld aus. Unterm Strich habt ihr also mehr Geld, welches ihr, wenn ihr möchtet, für besseres, teureres Zeug ausgeben könnt, welches länger hält und bestenfalls fair und umweltschonend produziert wurde."

16.10. 2016

SASCHA UND PAOLA MARIA VERLOBEN SICH

16.10. 2016

Jep, Paola hat „Ja" gesagt. Glücklich erzählt sie uns, dass das Schönste an diesem Antrag war, dass Sascha keinen übertrieben romantischen Moment inszeniert hat, sondern sie in ihrer „ganzen gammligen Pracht" – in Schlabberklamotten und ungestylt – gefragt hat, ob sie ihn heiraten will.
Also Jungs, es muss nicht immer das große TamTam sein. Wenn man jemanden wirklich liebt, dann kann auch der Jogginganzug das perfekte #ootd sein!

KAYEFTVS NEUES ALBUM

Am 14.10.2016 soll das gute Stück rauskommen. Heißen wird es „Chaos".

„Es ist wirklich das Beste, was ich jemals gemacht hab. Wir haben ein bisschen länger als ein halbes Jahr dran gearbeitet."

14.10. 2016

MELINA RASIERT SICH DIE HAARE AB

Und das meint sie ernst. Die große Frage ist jetzt: Warum? „In der Gesellschaft ist es so vorgesehen, dass Frauen Haare auf dem Kopf haben sollten, oder noch besser: lange Haare […]. Wenn Männer sagen ‚Hey, ich schneid mir jetzt ne Glatze' […], dann finden das alle total cool und sagen ‚Ja, go for it!'. […] Wenn eine Frau das sagt, heißt das sofort ‚Aber, oh mein Gott, deine schönen Haare! Bist du dir da auch ganz sicher?' Ich will mich nicht mehr unter meinen Haaren verstecken, denn ich merke, dass mir das ganz oft passiert, dass ich meine Haare so ein bisschen als Schutz nehme, um mich irgendwo vor mir selbst zu verstecken. Ich will zeigen, dass wahre Schönheit von innen kommt und dass deine Haare auf dem Kopf nicht deine Schönheit definieren. Ob mit oder ohne Haaren auf dem Kopf, man bleibt dieselbe Person. […] Ich bin absolut nicht bereit dafür, aber genau deshalb will ich es machen, um mir selbst zu beweisen, dass es nur Haare sind." Mutiger Schritt von Melina Sophie. Aber sie hat damit Recht behalten. Am Ende ist es ja wirklich egal gewesen.

13.10.
2016

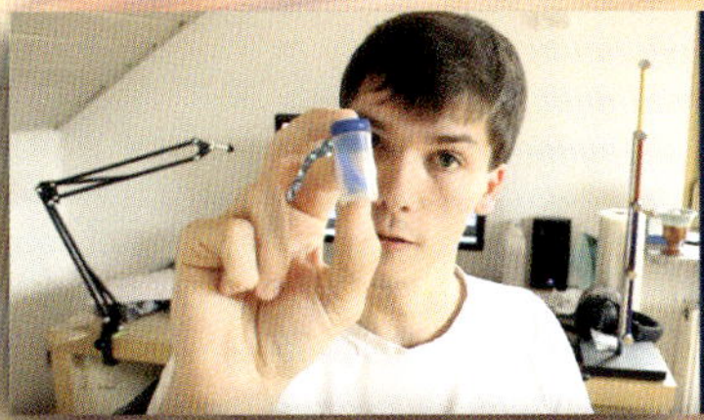

ALLES NEU BEI TECHTASTISCH

15.10.
2016

Einen neuen Zweitkanal (Trashtastisch) und ein neues Postfach gibt's ab heute bei Marcel vom Kanal Techtastisch. „Ich bin mal gespannt, was einem Science-YouTuber per Post zugeschickt wird. […] Nichts was giftig ist, nichts was radioaktiv ist, und bitte auch keine illegalen Substanzen."

Alter, Ich bin grad voll (positiv) geschockt. Ich habe noch nie ein Kanal in YT-Deutschland gesehen der so "kultiviert" ist! Sowas sollte in die Trends kommen! Aber mein Abo hast du schon mal.

16.10.
2016

YOUTUBER-SHAMING

„Mir ist in letzter Zeit aufgefallen, dass, wenn […] mich Leute fragen, was ich nach meinem Abi eigentlich derzeit so mache, ich unglaublich strategisch versuche nicht zu erwähnen, dass ich YouTube-Videos mache oder dass ich YouTuber bin."

Wer selbst YouTube macht (vor allem als Nachwuchs-YouTuber), kennt diese Situation bestimmt sehr gut. Es gibt eben auf YouTube sehr viel Content, mit dem man sich eventuell nicht identifizieren kann. So geht es zumindest JerriesBlog. Klar ist YouTube immer nur das, was du selbst daraus machst. Trotzdem wird man als YouTuber gerne mal in eine Schublade gesteckt, und zwar mit denjenigen, die Mainstream-Zeug machen oder inhaltlich nicht so stark auf gute Qualität setzen. Dabei seien vor allem gewisse Pranks und sexistische Inhalte gemeint.

„Ich kann mich damit nicht identifizieren. Und das ist das große Problem, da ich mich auf einer Plattform befinde, wo ich mich als Außenseiter fühle und nicht am richtigen Ort und Platz, und ich deswegen anfange, mich für etwas zu schämen, was ich gut finde."

Wie viele andere wohl das gleiche Problem mit dem „YouTuber-Shaming" haben?

ICH WILL KEIN YOUTUBER MEHR SEIN

Klingt zuerst mal nach einer mega Schlagzeile. Wenn man aber schaut, was Flo zu sagen hat, dann ergibt das schon Sinn.

„YouTuber sind für mich die Leute, die in den Trends sind, die groß sind, die ganz oben sind, die – wenn es YouTube nicht geben würde – nichts hätten, weil sie nichts anderes können. Und zu diesen Personen möchte ich mich nicht dazu zählen."

Wie es dazu kam? Nun, nach einem Beitrag über die Gamescom, den er für den WDR gedreht hat, bekam Flo von zwei YouTubern Anwaltsschreiben ins Haus. Hätte er den WDR hier nicht als Unterstützung gehabt, hätte ihn so ein Schritt sicherlich extrem eingeschüchtert. Als YouTuber ist man ganz schön abhängig von der Szene, mit der ja bekanntlich nicht immer alles in Ordnung ist. Als Journalist aber ist es seine Pflicht, auch über unbequeme Themen zu berichten. Und das sieht auch Flo als seinen Job an. Daher möchte er nicht als „YouTuber" gelten.

JOON KIM BRINGT SEIN ERSTES 360° VIDEO

WISHLIST – DIE ERSTE 4K WEBSERIE!

Stell dir vor, du könntest dir alles auf der Welt wünschen. Du müsstest für jeden Wunsch nur eine Aufgabe erfüllen. Das wäre doch was. Genau das ist die Grundidee der neuen Webserie „Wishlist", die heute startet. Eine aufwendige Produktion, professionelle Schauspieler, YouTuber mit Gastauftritten, abspielbar in 4k – ja, diese „funk"-Webserie hat es schon in sich und ist auch echt gut gemacht. Props an das gesamte Team!

WARUM MACHEN DIE DAS?

Zwar sind Oliver und Yannick mit ihrem Kanal rethinknation noch recht klein, doch das, wofür sie stehen, ist wichtig. Bei ihnen dreht sich alles um fair Fashion, also um Mode, die fair produziert wird. Das heißt, dass z. B. die Arbeitsbedingungen für die Mitarbeiter nicht unter aller Kanone sind. Heute verrät Yannick, dass er erst durch seine damalige Freundin auf fair Fashion gekommen ist und sie ein Umdenken in ihm ausgelöst hat. Und wie der Dominoeffekt so läuft, steckte Yannick damit dann auch Oliver an und sie gründeten ihren Kanal. Mit diesem wollen sie den Dominoeffekt noch weiter vorantreiben.

LIKE OR DISLIKE

23.10. 2016

Da klopft tatsächlich das Fernsehen wieder in der YouTube-Welt an. Das ZDF fragt Dner, ob er mit ihnen eine Mischung aus TV-Beitrag und Vlog machen will – und der sagt „Ja". In der Doku checkt er aus, wie die jüngeren US-Amerikaner so politisch ticken. Haben sie mehr Bock auf Trump oder auf Clinton? Oder vielleicht sogar auf was ganz anderes? Pizza zählt übrigens nicht als Antwort. Ich mein, eine Pizza als Präsident ... wäre aber vielleicht besser als das jetzige Ergebnis. Welche Pizza würde wohl gewinnen? Regina? Oder vielleicht doch Hawaii? Jedenfalls geben YouTube-Größen wie Sarazar und die freekickerz Props in den Kommentaren, und auch die Community wünscht sich solche Videos und Themen öfter in den Trends. Ein gutes Zeichen.

22.10. 2016

CLAVINOVER – LEIDER LUSTIG

Auch Marti Fischer macht ab sofort was fürs Fernsehen. Beim Kinderkanal aka KIKA bekommt er jetzt seine eigene Show mit dem Namen „Leider lustig". Das Ding ist eine Mischung aus moderierter Show und Sketches. Also, wir sind zwar keine Kinder mehr (naja, meistens. Mehr oder weniger), finden die Show aber trotzdem lustig!

Sexismus ist meiner Meinung nach nicht weniger schlimm als Rassismus, oder Homophobie... Warum beschränkt man Menschen auf ihr Geschlecht, ihre Herkunft oder ihre Sexualität? Einfach nur dumm....

Ja ich werde den 2ten Teil schauen :)
Sexismus gibt es bei mir nicht! Ich glaube daran das sich jeder anziehen darf wie er will, Mädchen mit Autos spielen dürfen, Mädchen dürfen Fußball spielen, Jungs dürfen sich schminken wenn es ihnen gefällt !

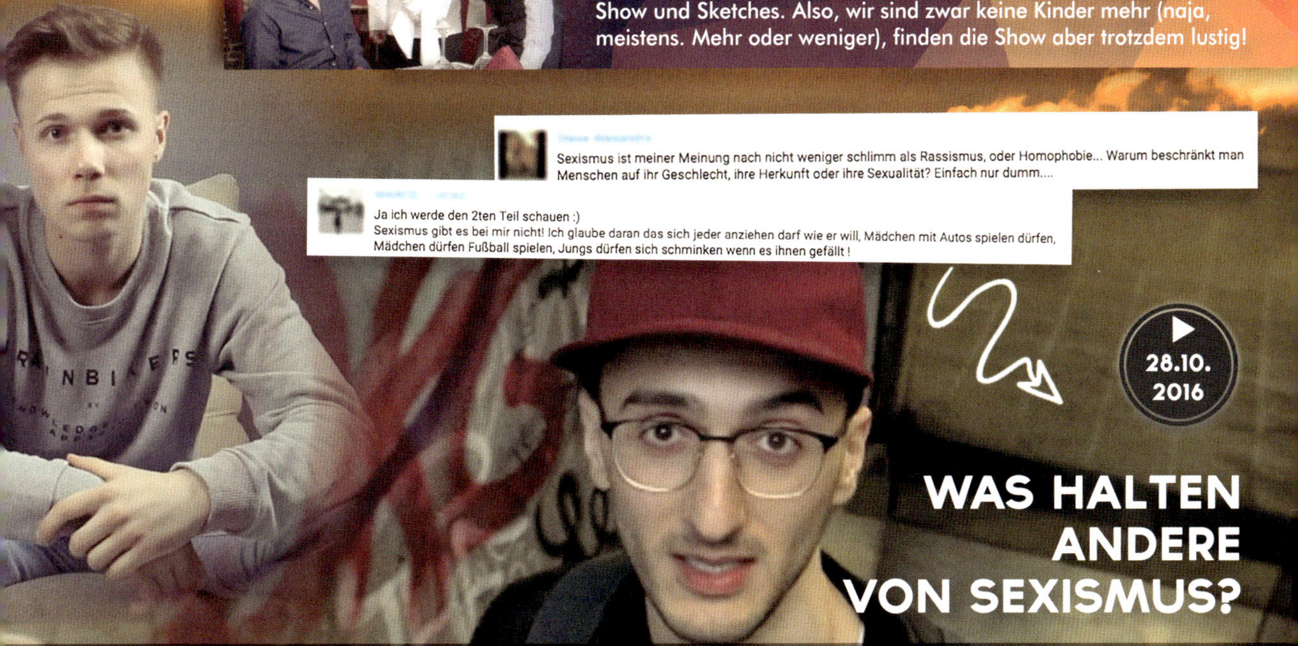

28.10. 2016

WAS HALTEN ANDERE VON SEXISMUS?

Marspet will es wissen und fragt in seinem Video „Bin ich ein Sexist?" mal andere YouTuber nach ihrer Meinung zu dem Thema. Dürfen sich Kerle schminken? Dürfen Männer auch mal ein pinkes Shirt tragen? Ist es okay, wenn Mädels lieber mit Rennautos spielen und lieber „Männerklamotten" tragen?
Das Problem ist, dass man diese Fragen überhaupt stellen muss. Denn eigentlich sollte das alles völlig egal sein. Da Marspet in seinem Video andere YouTuber nach ihrer Meinung gefragt hat, dachten wir uns, dass wir mal unsere zu diesem Thema schreiben. Unserer Meinung nach ist es wichtig, dass wir uns endlich von Geschlechterrollen lösen und das tun, was wir möchten, solange wir dabei niemandem schaden. Man ist doch nur richtig glücklich, wenn man man selbst sein kann. Wieso sollte man sich also in eine Rolle zwängen, in die man nicht passt? Solche Geschlechterrollen sind nicht in unserem Körper festgeschrieben. Die Gesellschaft macht sie. Und genau deswegen können wir sie auch verändern, denn WIR sind die Gesellschaft und WIR haben die Wahl. Kein Mensch soll sich unnötig unwohl fühlen müssen oder ausgegrenzt werden, nur weil er vielleicht nicht auf das steht, was der Mainstream mag. Leben und leben lassen ist da unsere Einstellung.

NOV

2016

EMBER

05.11. 2016

START DER #ZWILLING TOUR!

„Auf der Bühne zu stehen und auf Tour zu sein, ist einfach die geilste Zeit! Wir sehen so viele tolle Menschen, und jedes Konzert ist etwas ganz Besonderes. Dieses Gefühl, wenn tausende Fans deine Songs singen und so richtig Stimmung machen. Und jetzt, mit den neuen Songs vom Album, einer neuen Bühnenshow, Liveband und euch an unserer Seite sind wir uns sicher: Das wird die Zeit unseres und eures Lebens. Sei dabei und werde ein Teil der #zwilling Tour!"

DieLochis sind back in the Game und starten ihre #zwilling Tour!

01.11. 2016

BONGOBOULEVARD MACHT MUSIK, KEINE PROMO!

Marti Fischer und Marie Meimberg tun sich ab heute mit Maries Produktionsfirma (der Meimberg GmbH) zusammen, um eine Musiksendung der ganz anderen Art rauszuhauen.
Denn egal, in welche Sendung Musiker kommen, es geht immer darum, sich zu vermarkten. Gut, in gewisser Weise geht es bei BongoBoulevard auch darum. Aber nicht durch langweilige Interviews und die immer gleichen Fragen. Je Folge besucht eine Band oder ein Musiker Marti und Marie, um sich ohne Skript oder vorgegebene Moderation zu unterhalten. Und dabei machen sie gemeinsam das, was allen am wichtigsten ist: Musik.
Auf dem Kanal werden außerdem Vlogs und einzelne Songs aus den Folgen veröffentlicht.

16.11. 2016

ALEXANDER STRAUB KÜNDIGT TOUR AN

Zauberer Alexander Straub hat einen Traum: Eine richtig große Tour durch die ganze Welt! Bis es soweit ist, hat er sich aber etwas super persönlicheres für seine Fans ausgedacht. Per Voting werden fünf Städte ermittelt, in denen Alexander seine Bühnenshow jeweils 20 ausgewählten Gästen vorführt. Die „Timekeeper"-Show startet dann im September.

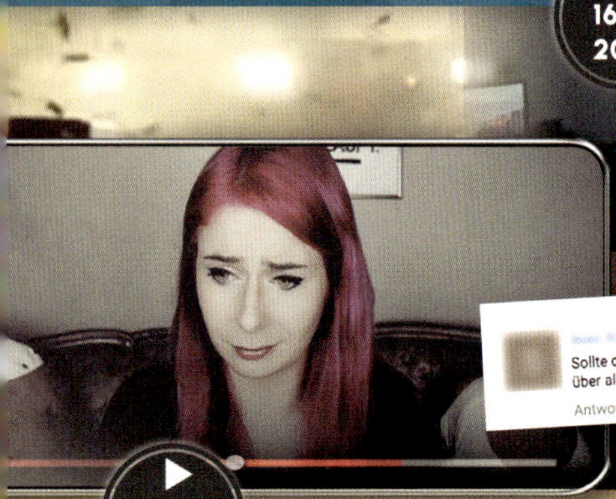

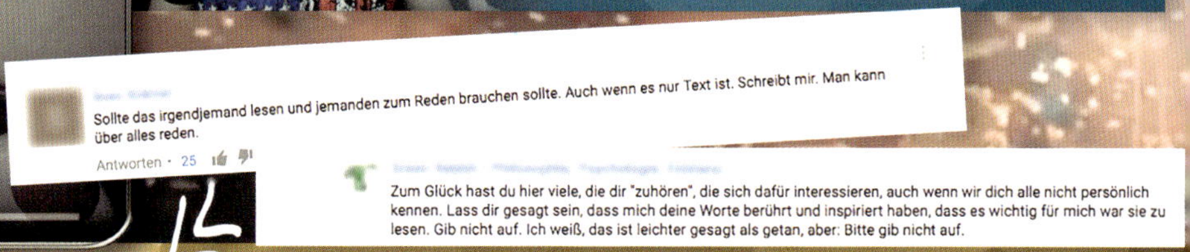

08.11. 2016

BITTE BRING DICH NICHT UM

Wenn eine Person, die einem nahe steht, sagt, dass sie versucht hat sich umzubringen, dann ist das ein schwerer Schlag. In so einer Situation richtig zu reagieren ist echt schwierig. fraeuleinchaos war genau damit konfrontiert und möchte deswegen mit der Community teilen, was sie in dem Moment gefühlt hat, als ihr jemand dieses Geständnis gemacht hat.

„Man fühlt sich so schrecklich hilflos. Man versteht nicht, wie man das alles hier aufgeben kann, und man fühlt sich machtlos und verlassen ... und sauer! Sauer, weil man nicht um Rat gefragt wurde, weil man nicht nach Hilfe gefragt wurde, weil man nicht angerufen wurde und weil die gemeinsamen Fragmente der Zukunft miteinander plötzlich nicht stattfinden sollen."

Das war laut Sina vielleicht nicht die beste Reaktion darauf. Aber es gebe eben Situationen im Leben, die zu viel für einen sein können, denen man nicht gewachsen sei. Und wenn das passiert, müsse man in der Lage sein, sich das selbst zu verzeihen.
Wirklich toll ist die Reaktion der Community auf dieses Video. Denn einige beginnen, ihre eigene Geschichte zu diesem Thema in den Comments zu posten, und werden von anderen Followern sogar beraten, getröstet oder motiviert.

13.11. 2016

DAS ENDE EINER ÄRA

10 Jahre – in YouTube-Zeitrechnung also etwa drölftausend Jahre – lang bringen uns Applewar nun schon mit ihren Videos zum Lachen. Der Titel ihres Jubiläumsvideos könnte uns jetzt denken lassen, dass es nicht weitergeht. Aber nix da. Auf die nächsten 10 Jahre!

03.11. 2016

MANU THIELE GEWINNT ISARNETZ BLOG AWARD

Jedes Jahr sucht Mucbook mit dem „Isarnetz Blog Award" die besten Blogger aus München und Umgebung. In einer der Kategorien geht's um den besten Video-Blogger – also das, was man bei YouTube Vlogger nennt. Dieses Jahr geht der Preis an Manu Thiele, der auf seinem gleichnamigen Kanal seine Community mit Talks und News rund um Fußball versorgt.

01.11. 2016

ROBBUBBLE WIRD VATER

NEXTTASTIC AKA MARKANT BRINGT ERSTE SINGLE „FEUER" RAUS

04.11. 2016

07.11. 2016

GUTEN MORGEN, INTERNET!

Sturmwaffel und Kelly MissesVlog sind ein Dreamteam. Völlig egal, was sie machen, man schaut ihnen einfach gerne zu. Zum Glück ist das auch „funk" aufgefallen. Die haben den beiden nämlich kurzerhand eine eigene Morning-Show verpasst. Jetzt kann man auch super beim Frühstücken YouTube schauen.

„HALLO PAPA.“ VIDEO VON CAN AN SEINEN VATER

Wow, das geht unter die Haut. justCaans Eltern sind geschieden. In einem Video wendet er sich jetzt an seinen Vater und erzählt ihm, was er alles im Leben seines Sohnes verpasst hat. Von der Grundschule über die erste große Liebe bis hin zu den Wünschen für die Zukunft. Man merkt Can an, wie sehr ihn das berührt. Doch keine Spur von bösem Blut: Sein Video ist voller Liebe und die Message am Ende möchten wir unbedingt unterstreichen: Respect your parents. Love.

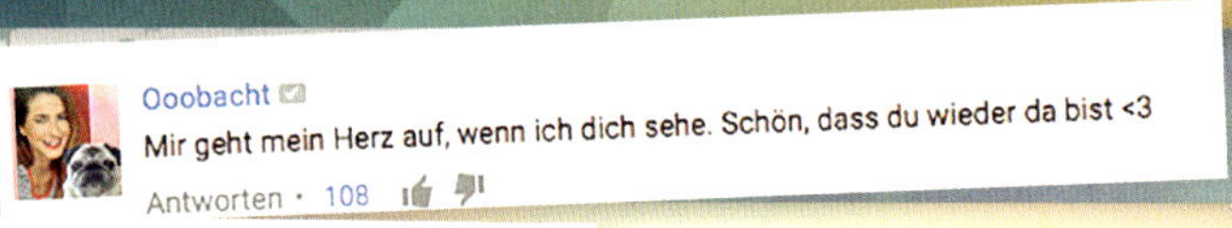

DIEFRICKELBUDE

Nach über einem Jahr Pause, einem gescheiterten Camper-Trip durch Europa und einem Umzug ist Alive4Fashion als DieFrickelbude wieder am Start! Fashion selbst steht nicht mehr im Zentrum, es sei denn, man kann sie selbst basteln – oder eben „frickeln“. Ab jetzt soll es um kleine und große DIYs gehen, die das Leben schöner machen. Willkommen zurück, Elisa!

HOMENEST WIRD GESTARTET

Fairtrade, Nachhaltigkeit, Achtsamkeit. Das sind wichtige Schlagwörter für ein bewusstes Leben. Die Agentur Homenest will YouTuber und Marken mit nachhaltiger Unternehmensphilosophie zusammenbringen. „Sei der Wandel, den du in der Welt sehen willst“ ist ihr Motto. Eine gute Sache!

STILLGESTANDEN! DIE MANNEQUIN CHALLENGE

Die Mannequin Challenge hat das Internet weltweit bewegt – oder eben gerade nicht bewegt. Kein Wunder, wenn sich nicht nur YouTuber – im Bild z. B. Dias – wie Schaufensterpuppen benehmen, sondern auch Fußballmannschaften, Hollywood-Schauspieler, DJs mit ihrem gesamten Publikum oder sogar die amerikanische Präsidentschaftskandidatin Hillary Clinton mit ihrem kompletten Mitarbeiterstab UND Bon Jovi in einem Flugzeug freezen. Wer hätte gedacht, dass nichts tun so beeindruckend sein kann?

CRISPYROBS ERLEBNISSE IN AFRIKA

Die Reise war das krasseste Abenteuer seines Lebens. Zu Tränen gerührt und zutiefst dankbar zeigt sich Rob, der zusammen mit Cheng Loew, Marc Eggers und Gotti in Afrika einer wohltätigen Organisation hilft.
Da Bildung der Schlüssel zu einem besseren Leben ist, ruft er auch zum Spenden unter theolivebranchforchildren.org auf und will seine Reichweite für etwas Gutes einsetzen. Das Video macht einen sprachlos – und verdammt stolz auf Rob und Co.

UNGE SCHNEIDET SEINE DREADS AB!

19.11. 2016

Simon Unge hat sich von seinen Dreads getrennt! Er hatte echt Bammel, dass seine neue Frisur nicht positiv aufgenommen wird, erzählt er später. Immerhin kamen neue Piercings und Tätowierungen nicht immer gut an. Wenn sich ein YouTuber optisch verändert, dann verunsichert das die Community oft. Aber wenn man schon mal in Amerika ist und eh nur verrückte Sachen anstellt, wieso nicht auch eine Komplettveränderung? Also säbelt er alle Dreads bis auf einen ab und lässt sich nach 10 Jahren zum ersten Mal wieder von einem Friseur die Haare schneiden. Richtig UNGEwohnt, aber auch richtig gut! Und nicht nur ihm gefällt's, sondern auch der Community!

LOOT FÜR DIE WELT

18.11. 2016

Jede Menge Gamer, 48 Stunden voller Spiele und eine wahnsinns Community: Das ist „Loot für die Welt". LeFloid, Frodoapparat und die Space Frogs übertreffen in ihrem Spenden-Livestream die Summe vom letzten Jahr und sammeln 170.000 Euro für den guten Zweck. Dabei sorgen sie auch noch für jede Menge Unterhaltung. Daumen hoch!

23.11. 2016

UNGEKLICKT WIRD ZU KLICKWOCH

Die Namensänderung soll zugleich für einen festen Sendetermin stehen, denn in „Klickwoch" steckt natürlich Mittwoch. Zusammen mit Mii Mii soll also jeden Mittwoch ein Stream kommen. Wir kennen Unge aber gut genug, um ihn nicht allzu sehr darauf festzunageln. :-P

18.11. 2016

DAS WEBVIDEOMAGAZIN DERTOMEKK ERREICHT IN DREI TAGEN DIE 1.000 ABONNENTEN.

25.11. 2016

FINALCLASH BEGINNT!

Nachdem im Sommer noch unklar war, ob das Finale realisiert werden kann, gab es bei den VideoDays das große Aufatmen: Die dritte und letzte Staffel von TubeClash, der FinalClash, kommt! Jetzt ist es endlich soweit. Drei Newcomer sind dabei, und die Community kann wählen, wo die nächste Folge spielen und auf welchen Clasher sie sich konzentrieren soll.

DIE SONGS DER LOCHIS MIT ORCHESTERBEGLEITUNG

29.11. 2016

Konzerte zu geben sind Heiko und Roman Lochmann ja schon gewöhnt. Aber die eigenen Songs mit Begleitung eines richtigen Orchesters zu spielen, das ist für jeden Musiker etwas ganz Besonderes. Bei der #IGNITION wird das jetzt Realität. Ihre Songs werden sogar extra für die Düsseldorfer Symphoniker umgeschrieben.

KLEINE KANALEMPFEHLUNG FÜR ZWISCHENDURCH

Videos machen ist eine Kunst für sich. Marco von SooGehts analysiert unter anderem Musikvideos von YouTubern und hat Ahnung, wovon er da redet. Licht, Technik, Postproduktion, hilfreiche Tools? Hier erfahrt ihr, wie's geht!

23.11. 2016

UNGE BEZIEHT STELLUNG ZU „DIE REKRUTEN"

Die Bundeswehrserie „Die Rekruten" auf YouTube polarisiert ganz schön. Immerhin sind viele Zuschauer zu jung, um Soldat zu werden. Warum wird also ausgerechnet hier so viel Kohle in Werbung gesteckt?

Unge äußert sich zum Thema Bundeswehr in seinem Stream erstmal eher negativ. Ihm fällt es schwer, da neutral zu bleiben. In einem zweiten Stream rudert er aber wieder etwas zurück. Die Bundeswehr hat schon einen Sinn. Aber eine Welt, in der generell gar kein Militär nötig ist, wäre ihm dann doch lieber. Und da kann man ihm natürlich nur zustimmen!

17.11. 2016

WARUM GEHEN MÄDCHEN NIE ALLEIN AUFS KLO?

ENDLICH ZEIT ZUM REDEN

„Auf Klo" ist ein extrem spannendes Format von „funk". Eda Vendetta und ItsColeslaw sprechen mit Gästen über „Frauen*themen" – und zwar wirklich auf dem Klo. Wer jetzt aber denkt, es geht allein um Schminke und Haare, der liegt völlig falsch. Im heutigen Video sind zum Beispiel Pauline und Jule zu Gast, die Geflüchtete in Seenot retten. Sie haben die Aktion „Jugend rettet" ins Leben gerufen, ein Schiff gekauft, eine Crew gechartert und retten nun Tausenden von Menschen das Leben. Inspirierende, wichtige, unverblümte Gespräche auf einem gar nicht stillen Örtchen. Anschauen! PS: Hier kommen natürlich auch mal Männer zu Wort!

MICHAEL BUCHINGER BEKOMMT SEINEN EIGENEN WEIN!

Fanartikel wie Hoodies oder T-Shirts kennt man. Aber ganz ehrlich, wie geil ist es bitte, seinen eigenen Wein als Merch zu haben? Michael Buchinger, bekennender Weinfreund, kann genau das jetzt von sich behaupten. Und der edle Tropfen ist kein einfaches Produkt von der Stange beziehungsweise aus dem Hahn. Denn Michael signiert, nummeriert und siegelt jede einzelne der limitierten Flaschen selbst. Na dann, Prost! (Aber bitte immer in Maßen und verantwortungsbewusst, nech?)

30.11. 2016

SOJA STARTET SELBSTEXPERIMENT „ZERO WASTE"

Eine Woche keinen Müll produzieren, geht das? Soja probiert es auf ihrem Kanal sophiedoesrandomstuff aus. Am Ende der Woche ist zwar ein bisschen Müll zusammengekommen, aber da sie bewusst über ihren Konsum nachgedacht hat, ist es viel weniger geworden als in einer normalen Woche. Fazit: Auch mit kleinen Schritten lässt sich schon viel erreichen!

#NICHTEGAL

Hate ist im Internet allgegenwärtig. #NichtEgal will das nicht hinnehmen. Zusammen mit YouTubern will #NichtEgal an Schulen gehen und konkrete Tipps für den Umgang mit Hasskommentaren geben. Für mehr Toleranz und Respekt im Alltag. An sich eine wirklich gute und wichtige Sache, auch wenn die Community nicht zu 100% mit der Auswahl der YouTuber zufrieden ist.

11.11. 2016

TECHI HAT GOLD IM POSTFACH

28.11. 2016

Er fragte sich zuletzt ja noch, was ihm seine Zuschauer wohl so schicken würden. Und womit begeistert man einen Naturwissenschafts-Nerd zum Geburtstag? Richtig, mit Edelmetallen! Techtastisch fand in seiner Geburtstagspost eine echte Goldmünze und war total happy. Also, falls ihr uns auch mal Gold schicken wollt, oder Diamanten ... ;)

24 STUNDEN EINGESPERRT

Eine Nacht im Kaufhaus oder im Museum – ein alter Kindheitstraum. In der Realität findet Sicherheitspersonal so etwas aber gar nicht lustig. Die Herausforderung bei dem 24-Stunden-Trend ist daher, sich erstmal so zu verstecken, dass einen das Personal vor Ladenschluss nicht findet. Meist enden die Aktionen dann weit früher als nach 24 Stunden mit einer hektischen Flucht vor den Nachtwächtern. Die Videos sind ein richtiger Klick-Magnet, werden aber auch kritisiert. Denn eins ist klar: Wenn die Aktionen nicht gestellt sind, dann sind sie nicht unbedingt legal. Also bitte nicht nachmachen.

DEZ

2016

EMBER

YOUTUBE: DAMALS UND HEUTE

Ach ja, die guten alten Zeiten. Damals, als die größeren YouTuber – und sooo viele gab es davon 2010 in Deutschland noch nicht – sich als große Familie bezeichneten, die super zusammenhält und zusammenarbeitet.

„Wir sind weit gekommen, dass wir Diskrepanzen zwischen YouTubern ein eigenes Wort gegeben haben [Beef], vermuten, dass sich Reichweiten und Marketing-Coups hinter diesen vermeintlichen Streits verbergen und zusehen, wie die YouTube-Familie von 2010 zunehmend ein Relikt der Vergangenheit wird."

Doch für Ultralativ gibt es auch Zeichen, dass heute nicht alles auf YouTube schlecht ist. Dass es auch den Zusammenhalt zwischen YouTubern weiterhin gibt und so etwas Gutes entstehen kann. Ein besonderes Beispiel ist der Spendenstream „Friendly Fire 2".

„Die eigene Person zurückzustellen und für Werte einzustehen, deren Ansprache allein für viele YouTuber ein Tabu und Stimmungskiller wäre. Zu zeigen, was man mit dem Aufgeben des eigenen Egoismus alles schaffen kann, fasziniert mich so sehr, dass ich mich weigere, diese Plattform für tot zu erklären. [...] Wir als YouTube Deutschland haben uns für so viele Dinge zu bedanken. [...] Zum Beispiel, dass ihr im großen Stil zeigt, dass man als YouTuber keine Reifen klauen, nachts in Fastfood-Restaurants einbrechen oder andere Leute bloßstellen muss."

Und das sind nur ein paar der positiven Gedanken, die der Spendenstream in Ultralativ auslöst.

Bei der ersten Ausgabe von Friendly Fire kamen über 100.000 Euro zusammen und es flossen Tränen vor Glück. Bei Friendly Fire 2 hoffen die Ausrichter Gronkh und PietSmiet natürlich, das Ergebnis zu toppen. Aber wie die Leute innerhalb des 12-Stunden-Streams abgehen würden, daran hätten sie nicht mal im Traum gedacht. Pro erreichtem Spendenziel haben sich Gronkh und Co. fiese kleine Aufgaben überlegt – aber sie kommen gar nicht mehr hinterher, die auch alle einzulösen. Am Ende hat Gronkh orange-blond gefärbte Haare (sollten eigentlich Grau werden) und kriegt den Mund vor Staunen nicht mehr zu. 300.000 – in Worten: Dreihundert-fucking-Tausend – Euro für den guten Zweck und mehrfach wegen Überlastung gesperrte PayPal-Konten sind das Ergebnis. Unglaublich!

FRIENDLY FIRE 2 –

WUZZUP kommt an einem Montag

„Es ist schon wieder Montag, hier kommt der Flashback ...", so heißt es in MrTrashpacks Intro-Song, doch oft hat das bislang nicht geklappt. Mit einem Augenzwinkern zieht ihn seine Community daher immer wieder auf, wenn „Wuzzup" tatsächlich – wie heute – an einem Montag kommt.

MINECRAFT VARO 4 STARTET

Varo ist Nervenkitzel pur. 33 Teams mit je zwei Minecraft-Spielern treten gut ein Jahr nach Varo 3 wieder gegeneinander an. Uns erwarten tragische Tode, wilde Verfolgungsjagden, erbitterte Kämpfe und dreistes Abstauben! Allein schon an Tag Eins scheiden 9 Spieler aus, darunter auch überraschend das Team #Stexpert und – mal wieder der Fluch der ersten Folge – LPmitKev. RIP!

03.12. 2016

FÜR DEN GUTEN ZWECK

01.12. 2016

KLEINE YOUTUBER FEIERN ADVENTSTUBE

Alle Jahre wieder suchen sich ItsChrisiTV und Lelecom 22 weitere kleine Nachwuchs-YouTuber, um bis zum 24. Dezember jeden Tag Adventskalender-like ein Video hochzuladen. Naja, eigentlich machen sie das erst seit 2015, aber das passte jetzt halt zum Lied.

Auf diesem Zweitkanal möchte er sich mehr dem Nerdherz widmen. Spannende Infos rund um Science-Fiction, Fantasy, Games aber auch ein Ranking-Format wird es hier geben. Garantieren will Luc aber, dass hieraus kein Newskanal wird.

01.12. 2016

MRCULULU STARTET NERDFACTORY

COLLAB: DIESERPAN UND KOSTASKIND ÜBER MOBBING

Für die aktuelle Ausgabe von #FishTank holt sich Kostas Verstärkung von dieserpan, um über ein ernstes Thema zu sprechen: Es geht um Mobbing. Ihr Fazit: Holt euch Unterstützung von euren Eltern und Lehrern, sprecht mit den Leuten, ergreift die Initiative, anstatt das Mobbing auszuhalten. Klingt schwierig, ist oftmals auch echt unangenehm, aber kann wirklich helfen!

Im Video zu „Tell me that you love me" geht es ganz schön heiß her zwischen Emrah und Ambre Vallett – aber natürlich nur im Video. Drama, Streit, Verzweiflung, Liebe, Leidenschaft und ganz viel durch die Haare wuscheln, zusammen mit einem echt tanzbaren Beat – gut gemacht, Emrah!
Ganz nebenbei ist der Song übrigens auch sein 2-Millionen-Abonnenten-Special.

09.12. 2016

EMRAHS ERSTER SONG FÜR 2 MILLIONEN!

Weißt du Jolina, ich lebe nach dem Motto: "Mensch ist Mensch, egal ob dick, dünn, groß, klein, bi, homo, hetero, Mann, Frau etc. Bist du gut zu mir, bin ich gut zu dir!" Es ist so einfach :)

„MAN LIEBT EINFACH. FERTIG. PUNKT."

Jolina Mennen und ihr Partner Florian sind schon länger zusammen. Eigentlich sind beide biologisch betrachtet Männer und schwul. Doch Jolina hat für sich herausgefunden, dass sie transgender ist. Schnell wollte die Community wissen, ob das dann noch funktionieren kann. Immerhin steht Florian auf Männer. Für ihn ist das aber überhaupt kein Problem, was er mit einem sehr einfachen Satz klarstellt.

„Wenn man einen Menschen liebt – und ich liebe dich über alles – dann stellt sich irgendwann die Frage nicht mehr, ‚ob' … Man liebt einfach. Fertig. Punkt."

07.12. 2016

WVP KOMMT IN DIE SCHWEIZ!

In Deutschland hat die Webvideo-Oscarverleihung schon eine große Bedeutung. Aber auch in der Schweiz tut sich YouTube-mäßig einiges, das mehr Aufmerksamkeit verdient. Deshalb gibt es den Webvideopreis ab jetzt auch bei unseren Nachbarn.
Das Lustige ist: Selbst wenn man kein „Schwizerdütsch" kann, versteht man trotzdem den Sinn der Videos und kann darüber lachen.
Und da nicht nur der Preis, sondern auch die Gewinner aus der Schweiz Aufmerksamkeit verdienen, nennen wir sie euch hier:

Best Video of the Year:
HalfTimeNerds - „Parallel - Kurzfilm"
360-Grad-Video:
Blick VR - „Mit Kampfjet-Pilot ‚Gandalf' im Cockpit der Patrouille Suisse"
Lifestyle: Faithincuteness
Comedy: zekisworld
Musik: Nickless
Sports: Freerun Zürich
Gaming: fadeoutTrashTV
Person of the Year: Gabriano mit seinem Kanal Swissmeme

GLÜCKWUNSCH AN ALLE GEWINNER!

10.12. 2016

DIE TOTEN HOSEN LIVE DAHEIM

13.12.
2016

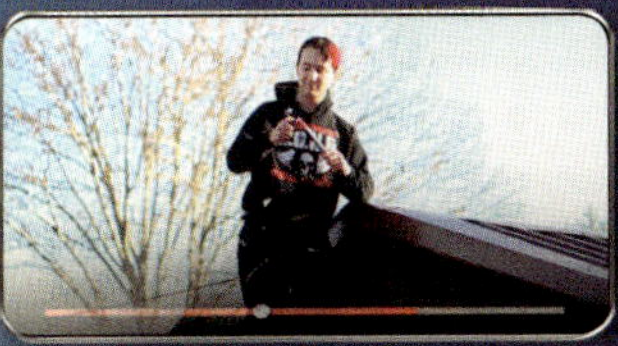

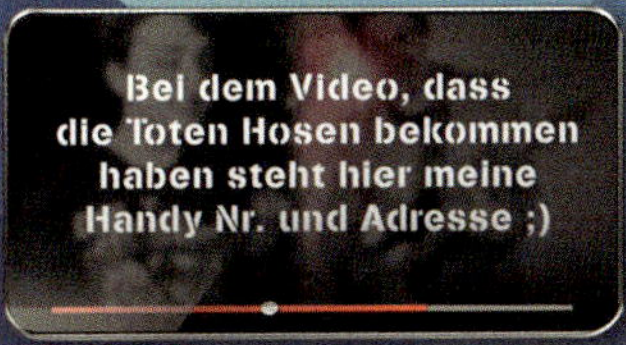

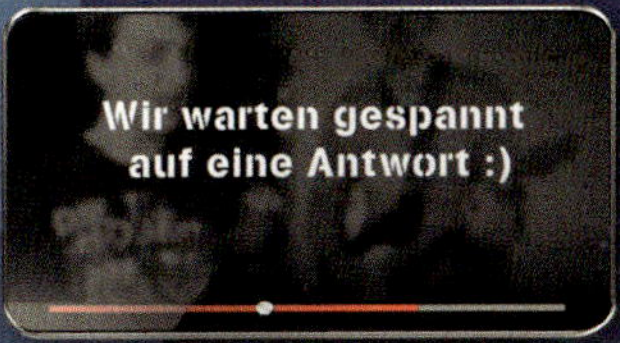

Wer hätte das nicht gern: Ein Konzert von deiner Lieblingsband in deiner Bude.
„Ich bin durchs komplette Land geirrt, um euch zu sehen. Es wird Zeit, dass ihr mal zu mir kommt!"
MasterJam war schon in allen möglichen Städten, nur um diese eine Band zu sehen. Jetzt will er, dass die Toten Hosen für ein Konzert ins Schützenheim seiner Hood kommen. Deswegen schickt er heute ein Video raus, mit dem er sich für die Magical Mystery Tour bewirbt. Mit etwas Glück kommen die Hosen also bei ihm vorbei.

Das große Problem mit den **ABOBOXEN!**

Schon seit ein paar Monaten beschweren sich große und kleine YouTuber darüber, dass sie ständig Deabos machen. Teilweise passiert das sogar exakt in dem Moment, wenn ein neues Video online geht. Jetzt, wo auch noch ihre Views stark sinken, eskaliert die Situation. Wer früher immer wieder in den Trends war, schafft es nicht mehr rein. Videos werden den Abonnenten nicht mehr in der Abobox angezeigt. Ein Video nach dem anderen erscheint auf YouTube, in denen sich YouTuber über die Situation beschweren. Sogar PewDiePie, der größte YouTuber der Welt, macht seinem Ärger Luft. Manche stellen sich jetzt sogar die Frage, ob das nun das Ende von YouTube ist. Naja, die Frage möchten wir an euch weitergeben. War es das? ;)
Da YouTube am liebsten schweigt, weiß bis heute übrigens keiner so genau, was das Problem war.

02.12.
2016

SEINE GANZ EIGENE MARKE

Tja, der justin ist zwar erst junge 18, macht aber schon ziemlich große Schritte in seiner Laufbahn. Dank seiner Freunde und seines Teams, vor allem aber auch seiner Community kann er jetzt sein ganz eigenes Klamottenlabel „peso gang" auf den Markt bringen.

Heute blicken Fewjar in einem Vlog zurück ins Jahr 2015, als sie zusammen angefangen haben, an ihrem Album „Until" zu arbeiten.

DER FEWJAR FLASHBACK

23.12.
2016

DER JAHRES

Wir wollen uns jetzt mal anschauen, was eigentlich die erfolgreichsten YouTube-Videos 2016 sind. YouTube haut dafür am Jahresende nämlich eine Liste für Deutschland raus. „Erfolgreich" heißt in dem Fall, wie oft ein Video angesehen, geteilt, geliked und kommentiert wurde.

EVERYDAY SATURDAY (PARODIE), JULIEN BAM

1

Ein weiterer Beitrag in der Kategorie „Was kann Julien Bam eigentlich NICHT?!" Was er kann, ist offensichtlich die Charts des Jahres 2016 anführen. Die Parodie zu ApoReds „Everyday Saturday" hat aber auch für genug Diskussionen gesorgt! Über 17 Millionen Views bis Dezember 2016 und damit der Sieger.

MUSIKVIDEO FEAT. LENA MEYER-LANDRUT (HEYJU-SPECIAL), JULIEN BAM

2

Und Julien Bam zum Zweiten. Tja, sorry Ju. Weil du dich selbst von Platz 1 verdrängt hast, kriegt dein Rap-Q&A-Video mit Lena Meyer-Landrut nur noch Platz 2 der YouTube-Jahrescharts. Ist aber trotzdem geil gemacht! ;)

ERDOWIE, ERDOWO, ERDOGAN, EXTRA 3

3

Es ist schon was Besonderes, wenn es „YouTuber" wie extra 3 vom NDR in die YouTube-Charts schaffen – und dann auch noch so weit nach vorne. Mit ihrem satirischen Video nehmen sie den türkischen Präsidenten Erdogan wegen seiner Politik auf die Schippe.

FERNSEHNOTHILFE: SCHWIEGERTOCHTER GESUCHT #VERAFAKE | MIT JAN BÖHMERMANN, NEO MAGAZIN ROYALE

4

Alter Schwede ist das genial! Böhmermann schleust Schauspieler bei „Schwiegertochter gesucht" ein und deckt so die Missstände auf, auf denen die Sendung basiert. Wer sich immer gefragt hat, ob bei diesem Format gezielt darauf hingearbeitet wird, dass sich die Kandidaten der Lächerlichkeit preisgeben – und das auch noch schlecht bezahlt – der findet in diesem Video die Antwort.

PPAP PEN PINEAPPLE APPLE PEN IN 15 STYLES, JULIEN BAM

5

Und Julien Bam zum Dritten. Puh. Der Junge mag es wohl, seine Videos gegeneinander antreten zu lassen. Interessant ist aber, dass alle seine drei Videos in den Charts mit Musik zu tun haben. Das Phänomen PPAP verstehen wir zwar nicht wirklich. Aber lustig finden wir's schon. Noch lustiger ist aber Juliens MashUp, in dem er auf 15 verschiedene Arten den ... äh ... Song ... variiert. Mega kreative Leistung!

RÜCKBLICK 2016!

Ob die Videos deswegen alle mega gut und unumstritten sind, ist damit nicht gesagt. Wir wissen ja alle, es wird auch gerade das geklickt, was für Diskussionen sorgt. ;) Hier also der Rückblick auf das YouTube-Jahr 2016!

ICH BIN SCHWANGER :O PRANK / ICH PRANKE JULIAN ... , BIBISBEAUTYPALACE

6

Pranks sind der Shit auf YouTube. Der von Bibi ist besonders fies. Mitten in der Nacht „gesteht" sie ihrem Juliaaaaaaan weinend, dass sie schwanger sei. Aber sie verrät sich selbst, weil sie kichern muss. Trotzdem: Wenn's nicht abgesprochen war, dann hat sie Julienco bestimmt richtig geschockt!

5 UNERKLÄRLICHE DINGE – DIE TATSÄCHLICH GEFILMT WURDEN!, MADE MY DAY

7

Uhhh, auf Platz 7 wird's unheimlich! Übernatürliche Phänomene, unerklärliche Ereignisse, und das Ganze auf Kamera gebannt! Wahrscheinlich handelt es sich bei den Clips nur um Fakes und geschickte Kameramanipulation, aber ein bisschen Gänsehaut kriegt man bei den Videos schon ...

ICH PRANKE BIBI :O !! ... , JULIENCO

8

Wie du mir, so ich dir. Julienco und BibisBeautyPalace pranken sich ständig gegenseitig. Das erfolgreichste Video von Julian zu dem Thema ist aber nicht wie bei Bibi ein einzelner Streich, sondern der Zusammenschnitt aus gaaaaanz vielen Pranks.

„STITCHES" – SHAWN MENDES (PARODIE), DIELOCHIS

9

„Stitches" läuft im Radio rauf und runter. Einige von euch können es vielleicht schon nicht mehr hören. DieLochis aber setzen auf den Ohrwurm noch einen drauf und machen eine Parodie zum Song.

ADELE CARPOOL KARAOKE, THE LATE LATE SHOW WITH JAMES CORDEN

10

Auch ein englischsprachiges Video hat es in die Top 10 der erfolgreichsten Videos in Deutschland geschafft. James Corden ist ein Late-Night-Talker aus England und hat ein Format, bei dem er mit Superstars im Auto durch die Gegend fährt und dabei quatscht und singt. James geht auf so sympathische Art dabei ab, dass man einfach mitfeiern muss. Das Video, in dem er mit Adele ihren eigenen Song singt, war besonders erfolgreich.

JAN

2017

UAR

SHIRIN DAVID BEI DSDS

04.01. 2016

Mit Shirin David sitzt jetzt erstmals eine YouTuberin sogar in der Jury! Da Shirin bereits in ihrer frühesten Kindheit verschiedene Instrumente sowie Gesang gelernt hat, passt die Jury-Rolle eigentlich gut zu ihr. Mal sehen, ob sie sich beim TV wohlfühlt.

KURONO UND JAROW SPENDEN
Zusammen gehen die Jungs zum Geldautomaten und heben jeweils 500 Euro ab. Die insgesamt 1.000 Euro spenden sie an einen Förderverein für Krebskranke Kinder aus ihrer Nähe.

11.01. 2016

VARO 4 FINALE

Wir befinden uns im großen Finale, das – damit es jetzt aber wirklich mal zu Ende geht – so lange dauern wird, bis ein Sieger feststeht. Was über eine Stunde dauern wird. Da wird sich geported, was das Zeug hält, und alles an Goldäpfeln gegessen, was geht. Doch irgendwann hilft auch das hartnäckigste Weglaufen nichts mehr. LetsPhil geht als erster durch BastiGHG drauf, Fazon wird nach einer extrem beeindruckenden PvP-Gesamtleistung von VeniCraft zur Strecke gebracht. SparkofPhoenix und Team #ZickZack sind die last men standing und das Ergebnis ist damit klar: Spark hat quasi keine Chance, BastiGHG kriegt den Kill und #ZickZack gewinnt.

10.01. 2016

Seit dem 1.10.2015 hatte Mibu eine YouTube-Pause eingelegt. Und wann meldet er sich zurück? Am 10.1.2017. Merkt ihr was? Am 1.10. geht er und am 10.1. ist er wieder da! Zufall?! Ich glaube nicht!!! Die große, ausgelutschte und trotzdem immer noch lustige und wichtigste Frage ist jetzt: Wo war Mibu die ganze Zeit, und was haben die Illuminaten damit zu tun?

MIBU UND DIE ILLUMINATEN

TOMATOLIX
startet Selbstexperiment!

Gute Vorsätze zum neuen Jahr sind beliebt. Tomatolix nimmt sich vor, sich 30 Tage lang gesund zu ernähren und täglich Sport zu treiben. Auch, wenn er zum Schluss lachend erwähnt, dass der perfekte Beachbody noch auf sich warten lässt: Wacher, gesünder und fitter fühlt er sich nach diesem Experiment auf jeden Fall.

06.01. 2016

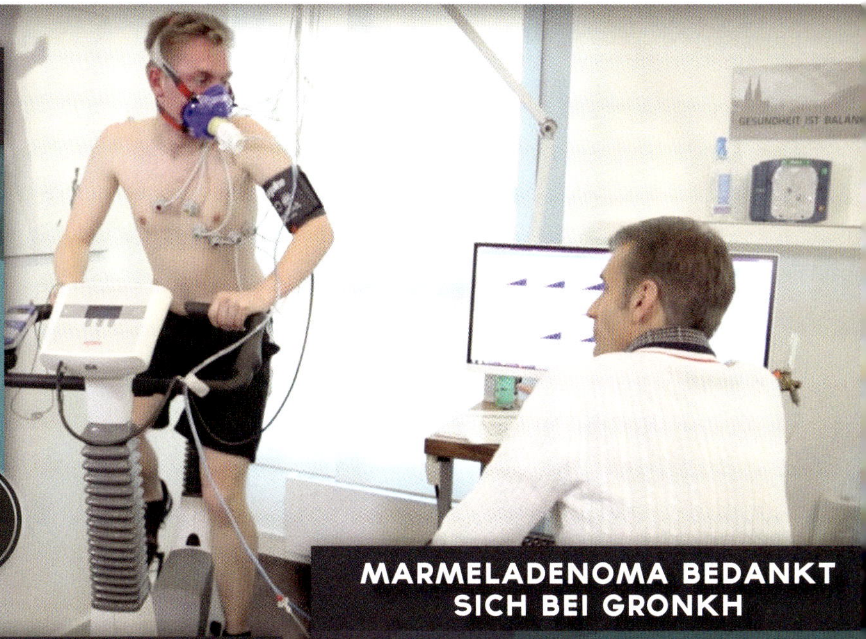

MARMELADENOMA BEDANKT SICH BEI GRONKH

Ab und zu besucht Gronkh in seinen Streams kleine Twitch-Kanäle und lenkt seine Zuschauer dorthin. Die Besuchten werden dann mit einer Flut an LaFamilia-Liebe überschüttet – und meist bricht auch direkt mal der Stream zusammen. So auch bei der MarmeladenOma, die im Netz Märchen vorliest. Gerührt bedankt sich die ältere Dame später für die Spenden. Ein neuer PC soll her, damit sie noch besser so vielen Menschen wie möglich ihre Geschichten erzählen kann.

07.01. 2016

DIE LOCHIS WERDEN MIT DER GOLDENEN KAMERA AUSGEZEICHNET

04.01. 2016

Was für eine Überraschung! Beim Auftritt in Berlin steht plötzlich die Oma von Heiko und Roman auf der Bühne, kurz darauf kommt auch noch Joyce. Die Jungs sind sichtlich verwirrt, als Joyce aufklärt, worum es geht: Die Lochis sind die allerersten Preisträger der Goldenen Kamera Digital! Sie gewinnen in der Kategorie #MusicAct. Herzlichen Glückwunsch!

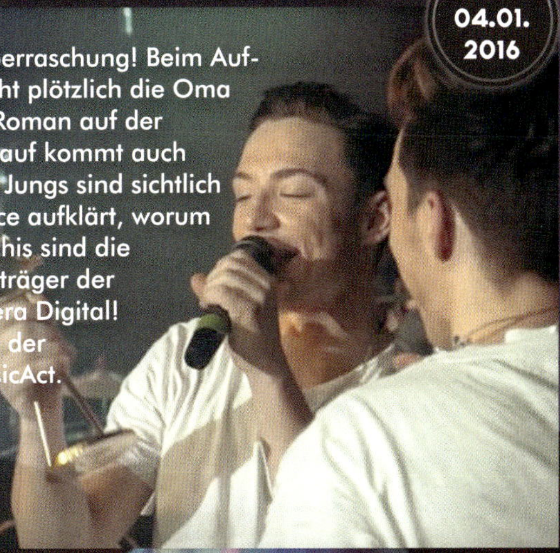

08.01. 2016

MRTRASHPACK MIT EIGENER RADIOSENDUNG

Anfang Januar bekommt MrTrashpack seine eigene Show auf dem Radiosender Energy, „Die YouTube-Show". Jeden Sonntag interviewt er YouTube-Größen, aber auch Stars von anderen Plattformen. Die Interviews sowie das Format „Entweder Oder?!" gibt es auch auf dem YouTube-Kanal von Energy.

YOULIUS AWARD 2017

Sonst stehen ja immer die größeren YouTuber im Rampenlicht. Doch es gibt auch kleinere Kanäle, die guten Content liefern und viel zu wenig Aufmerksamkeit bekommen. Das muss sich ändern, dachte sich Andreas vom Kanal Alltagsabenteuer. Die Idee fand viele Unterstützer. In einem kleinen Q&A-Stream kamen sogar 2.100 Euro an Spenden rein. Mitmachen durften nur Kanäle, die weniger als 1.000 Abonnenten haben. Die Verleihung heute läuft super. An die 80 Leute sind am Start. Mehr passen in den Raum nun mal nicht rein. Am Ende freuen sich 9 YouTuber darüber, den neuen Youlius Award in Händen zu halten.

Die Gewinner:

Reisen und Events:	Leace
Food:	Gourmerana.de
Gaming:	MotekTV
Menschen & Blogs:	Caspar Falkenstein
Film & Animation:	cineMars
Beauty, Fashion, Lifestyle:	Precious Things
Musik:	Jennifer James
News:	Gutmensch
Comedy:	KathLady
Sonderpreis Innovation Video:	Champignon-Spinat-Quesadilla Stop Motion I Gourmerana.de
Sonderpreis Video des Jahres:	VW Werbung – 2016 – Parodie I cineMars

ALESSANDRO C. IM VORENTSCHEID FÜR DEN ESC 2017

Da gehört schon was dazu, sich bei 2.500 Bewerbern durchzusetzen und es in die Top 33 des Vorentscheids für den Eurovision Song Contest zu schaffen. Für mehr hat es allerdings nicht gereicht. Er darf Deutschland leider nicht vertreten. Dennoch, Alessandro kann stolz darauf sein, dass er so weit gekommen ist!

BIBI ÜBERHOLT GRONKH!

Was für ein Wirbel um das Thema gemacht wird! Aber sind wir doch mal ehrlich, es sind nur Zahlen. Kurz liegt Bibi also mal vor Gronkh. Ja. Und? Erik reagiert herrlich humorvoll. Er hat ein Video vorbereitet. In dem geht ein todtrauriger Erik Range in schwarz/weiß durch eine triste Landschaft, weint, klagt einen Gott an, den es nicht mehr zu geben scheint, denkt darüber nach, sein nun vollkommen sinnlos gewordenes Dasein zu beenden – um sich dann gut gelaunt an seine Zuschauer zu wenden. „Also, Bibi wird mich überholen. Was heißt das?" *Stille* „Und das ist alles, was es heißt. [...] Was ändert das jetzt?" *Stille* „Und das ist alles, was es ändert. Es ändert einfach überhaupt nix."

Schaut euch das Video aber unbedingt bis zum Ende an. Die beste Szene kommt zum Schluss! ;)

14.01.
2016

22.01. 2016

JOLINAS WEG ZU SICH SELBST!

Es ist bewundernswert, wie Jolina über ihre Transsexualität spricht. Offen und unverkrampft erzählt sie von ihrem schwierigen Werdegang und wie wichtig es ist, zu sich selbst stehen zu können. So motiviert sie andere, sich so zu akzeptieren, wie sie sind. Egal, ob Mann oder Frau und egal, was andere denken: Lasst euch nicht verbiegen – nie!

20.01. 2016

THE VOICE KIDS HOLT SICH YOUTUBER INS BOOT :D

22.01. 2016

Jonas ist bei The Voice Kids als Online-Moderator Backstage unterwegs und kriegt direkt Besuch von noch einem YouTuber, nämlich von Oskar, der im Rahmen seines Praktikums bei Studio71 im Studio vorbeischaut. Natürlich mussten beide erstmal auf die Buzzer an den Stühlen drücken. Hätte jeder von uns auch so gemacht, oder?

AMBRE ERZÄHLT UNS VON IHREN PLÄNEN NACH DEM ABITUR

Ambre Vallet hat sich viele Gedanken darüber gemacht, was sie nach der Schule tun soll. Ausbildung? Studium? Auslandsaufenthalt? Ihr ist es wichtig, sich ohne Druck zu orientieren und ihren eigenen Weg zu finden. Erstmal stehen daher YouTube und Gesang für ein Jahr auf dem Programm. Klar ist aber: Sie will in Berlin bleiben!

26.01. 2016

DRAW MY YEAR

Der Umzug von Italien nach Deutschland ist die beste Entscheidung in Falcos Leben gewesen. Er hat viele neue Freunde gefunden, viele Städte gesehen und auch sein Kanal hat sich seitdem super entwickelt. Doch anstatt einen einfachen Jahresrückblick hochzuladen, zeichnet und animiert er seine Geschichte. Was durch seine Hände entsteht, kann sich sehen lassen. Bravo Picciotto!

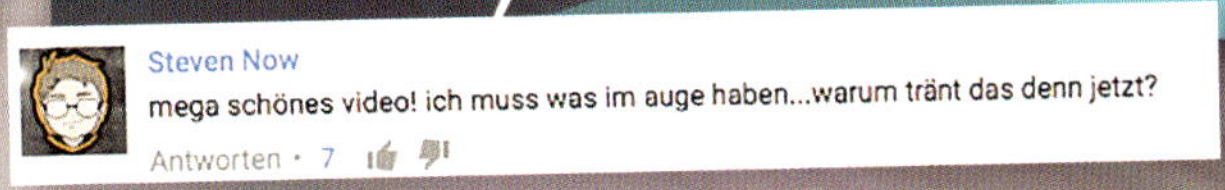

Straßenhund goes HERZENSBRECHER!

In Rumänien gibt es extrem viele Straßenhunde, von denen viele im Winter erfrieren, verhungern oder an Infektionen sterben. Um zumindest einen von ihnen zu retten, nimmt fraeuleinchaos einen der kleinen Racker auf.

„Natürlich ist das nicht einfach, aber jeder Hund, der endlich ein Zuhause findet und nicht ungeliebt sterben muss, ist es wert."

Der 5 Monate alten Hundin Amy wird es jedenfalls ab jetzt besser gehen!

23.01. 2016

FEB

2017

RUAR

WARUM CHENG KEIN FLEISCH MEHR ISST

Cheng Loew ist der Appetit auf Fleisch schon länger vergangen. Eine Doku über den Klimawandel hat ihm aber noch einmal verdeutlicht, wie groß der Einfluss der Massentierhaltung auf unsere Umwelt wirklich ist. Wie kein anderer Faktor trägt sie nämlich zur Erderwärmung bei. Sich vegetarisch zu ernähren ist daher nicht nur für die Tiere gut, sondern letztlich auch wichtig für unser Klima.

16.02. 2017

10.02. 2017

#OMG – DIE NEUE SKETCH-COMEDY-SERIE

Oh … my … god! Da haben sich aber einige YouTube- und Comedy-Größen zusammengetan, um Comedy-Sketche auf YouTube, Insta, Twitter und Facebook zu posten. Ich meine, schaut mal, wer da alles dabei ist: Phil 'i bims' Laude, T to the C, Pesh Spice, Sarahahaha Liz, Scherzkeks Tululu und noch dazu die Comedy-Newcomer Jacqueline Feldmann, Lena Liebkind und Constanze Behrends. Hochwertig produzierter cooler „funk"-Shit für zwischendurch, wenn man mal wieder nen Lacher braucht.

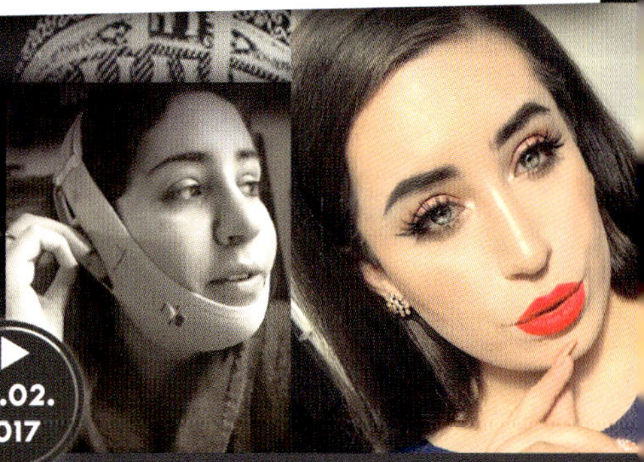

08.02. 2017

FÜR JOLINA GEHT ES AUF IN DEN OP

Am 13. November 2016 hat Jolina ihrer Community offen mitgeteilt, dass sie transgender sei. Jetzt will sie den nächsten Schritt gehen und kündigt an, dass sie sich ihr Gesicht durch eine Operation weiblicher machen lassen will. Dabei möchte sie ihre Community auch mitnehmen und einzelne Fortschritte des OP-Verlaufs vloggen.

02.02. 2017

#ICHWARS

„Ich war dumm! Ich war Täter! Ich war fies! Ich war brutal! Ich war kaltherzig!"

Es geht hier um fünf YouTuber, die gemobbt haben. Jonas, VegasFilms, RobBubble, MrWissen2go, ItsColeslaw – sie alle können heute nicht fassen, dass sie das getan haben. Vor allem, weil sie teilweise am eigenen Leib erfahren haben, wie es ist, gemobbt zu werden. Es ist wichtig, dass man über solche Themen redet und genau deswegen gibt es den Kanal klicksafegermany. Der wird übrigens von zwei deutschen Landesmedienanstalten umgesetzt und von der EU gefördert.

MINECRAFT FREEDOM BEKOMMT ENDLICH SEIN GROSSES FINALE!

04.02. 2017

Über ein Jahr – 380 Folgen! – lang hat uns Palutens Freedom begleitet. Sein Minecraft-Story-Projekt sucht wirklich seinesgleichen. Doch irgendwann geht auch die größte Geschichte mal zu Ende. Der Freedom-Squad rund um Paluten, GermanLetsPlay, Zombey und Maudado rückt aus, um Schweinedame Claudia aus den Fängen des bösen Königs Xaroth zu befreien. Eine erbitterte Schlacht entbrennt. Natürlich kann es nur einen Sieger geben! Xaroth fällt und Claudia kann zu Schweine-Ehemann Edgar und Söhnchen Edgar Jr. ins Dorfd zurückkehren. Ein tolles Happy End!

IZZIS NEUER KANAL

Zeit, die Inhalte mal ein bisschen zu trennen, denkt sich izzi. Denn auf seinem Hauptkanal will er ab sofort nur noch Vlogs bringen. Wer sich für seine Let'sPlay-Formate wie „Dizzi vs. Dinos" oder allgemein für seine Minecraft-Projekte interessiert, muss ab sofort bei izzis Zweitkanal izzi-eZ vorbeischauen.

05.02. 2017

Ryole & Grischistudios gewinnen 99FIRE-FILMS-AWARD

Du hast 99 Stunden Zeit um einen 99-sekündigen Film zu drehen – das ist das Prinzip des 99Fire-Films-Awards. Ryole und Grischistudios nehmen diese Herausforderung an. Die Aufgabe: Einen Film zu produzieren, bei dem es um das Thema „Da gibt's doch was ..." geht. Das haben sie gemacht und jetzt tatsächlich den Publikumspreis abgeräumt. Den bekommt das Video mit den meisten Zuschauervotes. Und bei dem weltweit größten Wettbewerb für Kurzfilm- und Content-Creator will das was heißen.

13.02. 2017

WISHLIST ERHÄLT DEN DEUTSCHEN FERNSEHPREIS

Wishlist ist zwar keine Fernsehsendung, sondern eine Webvideoserie, doch auch damit kann man offensichtlich einen deutschen Fernsehpreis gewinnen. Genau das ist dem „funk"-Format heute gelungen. Die Macher der Serie Marc Schießer, Marcel Becker Neu und Christina Ann Zalamea und ihr Team freuen sich über den Förderpreis – der übrigens der Nachwuchs-Award beim Fernsehpreis ist. Herzlichen Glückwunsch!

02.02. 2017

21.02.
2017

HEUTE GEHT EIN WUNDERSCHÖNES CINEASTISCHES HOCHZEITSVIDEO VON SASCHA & PAOLA ONLINE

Sascha ist einer der wenigen hier auf YT, bei dem ich wirklich vorstellen könnte, dass er auch noch in 5 in 10 in 15 Jahren auf der Producersessel sitzt und von dort solche filmisch anspruchsvollen Werke schafft.

KENNST DU DAS?

„Kennst du das, wenn du Abends im Bett liegst und einschlafen willst? Draußen kommt alles zur Ruhe aber dein Kopf brummt vor Gedanken, weil so viel passiert … Ich kenn das."

Neben DIYs und Fashion findet sich bei I'm Jette auf dem Kanal auch was für die Nachdenklichen unter uns. Über das, was ihr manchmal so alles durch den Kopf geht, wenn sie nicht einschlafen kann, hat sie jetzt einen Kurzfilm gedreht. Schon das Aufschreiben des Textes für das Video hat ihr geholfen, mehr über sich selbst zu lernen, erzählt sie.

19.02.
2017

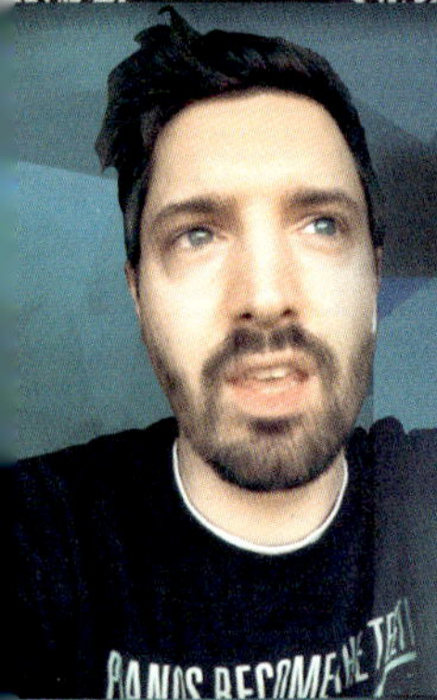

19.02.
2017

DE CHANGEMANS INNOVATIVES FORMAT

De Changeman möchte seine Follower besser kennenlernen. Aber nicht einfach auf einem Fantreffen, sondern nur zu zweit ganz persönlich. Daraus möchte er dann ein neues Format machen, in dem er sozusagen ein Porträt dreht, also einen Video über den Follower. Ein interessantes Experiment. In der Vergangenheit hat er sowas auch schon mal gemacht und viel Spaß dabei gehabt. Deshalb möchte er das Ganze wiederbeleben.

#WIRGEGENHOMOPHOBIE

#wirgegenhomophobie – ein deutscher Hashtag, der sogar im englischsprachigen Raum Aufmerksamkeit erregt. Annikazion wollte mit einem ganz einfachen Video ein klares Zeichen gegen Homophobie setzen. „Liebe hat kein Geschlecht! Ich bin Annika und gegen Homophobie – #wirgegenhomophobie!"
Mehr sagt sie nicht. Und genau das ist das Gute daran. Man muss nicht erst das Thema Toleranz breittreten, um zu zeigen, wie unnormal Homophobie ist. Eine absolut geile Aktion. Darauf können YouTube Deutschland und vor allem auch Annikazion stolz sein.

Ach ja, und was wir noch sagen wollten: „Liebe hat kein Geschlecht! Wir sind das StarsTube-Team und gegen Homophobie #wirgegenhomophobie!"

17.02. 2017

ICH VERSCHENKE EINEN YOUTUBE-KANAL

Ja, das meint TutopolisTV wirklich ernst. Er eröffnet einen Zweitkanal, den er persönlich pushen wird. Nachwuchs-Youtuber haben dann die Möglichkeit, Videos einzureichen, egal ob Let's Plays, Vlogs, Beauty, Sport oder was auch immer. Marco sucht sich dann vielversprechende Videos aus und lädt so oft er kann neue hoch. Wer also auf der Suche nach neuen YouTubern ist, sollte hier mal reinschauen.

23.02. 2017

YOUTUBER VERLEIHEN DEN SELBST-ERFUNDENEN YOUTUBE-OSCAR

Die Oscarverleihung 2017 steht bald an, und zwar die echte aus Hollywood. YouTube ist da aber ein bisschen schneller. Einige YouTuber haben sich mit Ella TheBee zusammen Kategorien überlegt und entscheiden, welche Kanäle sie dann gewinnen lassen. Eine lustige und sehr charmante Art und Weise anderen zu zeigen, dass man toll findet, was sie machen.

ISABEAUS HOCHZEIT

Isabeau und ihr Alex haben den Sack zugemacht und „Ja" gesagt. Und jetzt mal ganz ehrlich: Isabeau sieht in ihrem Brautkleid echt hammer aus.

02.02. 2017

28.02. 2017

MÄ

2017

RZ

10.03. 2017

NEUER, SELBSTGEMACHTER HINTERGRUND

Fabian will ganz dringend einen neuen Hintergrund für seinen Kanal „Was mit Fabian". Auch wenn er – laut eigener Aussage – handwerklich genug kann, fährt er zu Fynn ins Kliemannsland, damit er das nicht alleine machen muss. Nach einem Jahr Kanalexistenz kann er jetzt endlich seinen Background noch schöner schmücken.

13.03. 2017

Comedy und Sketche, das kennen wir ja von Jonas schon seit längerem. Aber das reicht ihm nicht und das reicht auch einigen seiner Follower nicht. Deshalb möchte sich Jonas ab jetzt auch mehr von seiner privaten und nachdenklichen Seite zeigen. Für genau solchen Content gründet er die neuen Kanäle JONAS PRIVATE und JONAS THINKS. Auf seinem Hauptkanal geht es aber so weiter wie bisher.

JONAS GRÜNDET ZWEI NEUE KANÄLE

Videoprojekt AlexV:

„ICH WERDE VATER!"

AlexV hat sich ein Hightech-Baby bestellt, das sich so ziemlich wie ein echtes Baby verhalten soll. Er muss es also füttern, die Windeln wechseln und rausfinden, warum es schreit. Fünf Tage lang wollte er das eigentlich durchziehen. Doch nach vier Tagen hält er es nicht mehr aus.

„Also echt, vollsten Respekt an jede Mutter! Das muss man einfach mal sagen. Weil, wenn Babys echt so viel schreien wie der hier ... Alter! Der hat wirklich nix anderes gemacht außer schreien!"

17.03. 2017

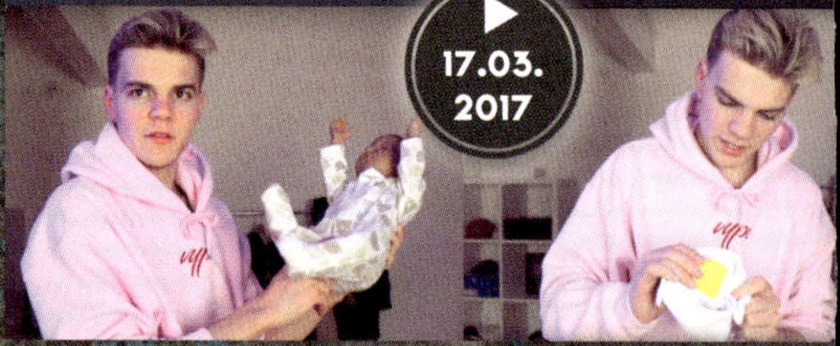

GNIECHEL BEI "The Addams Family"

Gniechel wird zu Fester Addams, einer Figur aus dem Musical „The Addams Family". Für die Rolle rasiert er sich komplett die Haare ab und trägt sogar einen Fat-Suit, also einen Anzug, durch den man deutlich fester ... äh ... feister aussieht. Ab heute gehen die Aufführungen in Pinneberg los.

09.03. 2017

MRTRASHPACKS TIPPS & TRICKS

13.03. 2017

Wer hätte das gedacht? MrTrashpack und sein Manager Heiner Bachmann veröffentlichen ihr erstes gemeinsames Buch. „Wuzzup – Tipps und Tricks für deinen Channel" ist ein Leitfaden für jeden YouTube-Einsteiger. Hier wird nicht nur erklärt, wie man seinen eigenen Kanal aufbaut, mit welchen Hürden man rechnen muss oder wie man sein eigenes Format entwickelt. Nein, es geht auch um Netzwerke, wie man mit YouTube Geld verdienen kann und wie man sich selbst präsentiert. Ein Wegweiser durch die spannende Welt von YouTube.

08.03.
2017

OSKAR FREUT SICH ÜBER DNERS LOB

Schon beeindruckend, was der Vlogger Oskar mit seinen jungen 14 Jahren schon auf YouTube erreicht hat. Jetzt wurde er sogar für den Webvideopreis nominiert. Da gibt's auch gleich mal ein fettes Lob über die jetzt schon so gute Videoqualität von Dner himself. Oskar kann seine Basis nicht mehr chillen.

„Leute, ihr könnt euch nicht vorstellen, was für ein krasses Ding das für mich einfach ist. Weil, Dner ist halt einfach so im deutschen Bereich der King von Vlogs. […] Vor allem, dass er schreibt ‚Damals aus den OGG Zeiten'. […] Das war vor zweieinhalb Jahren oder so. Das heißt, er kannte mich einfach schon vor zweieinhalb Jahren? Alter!"

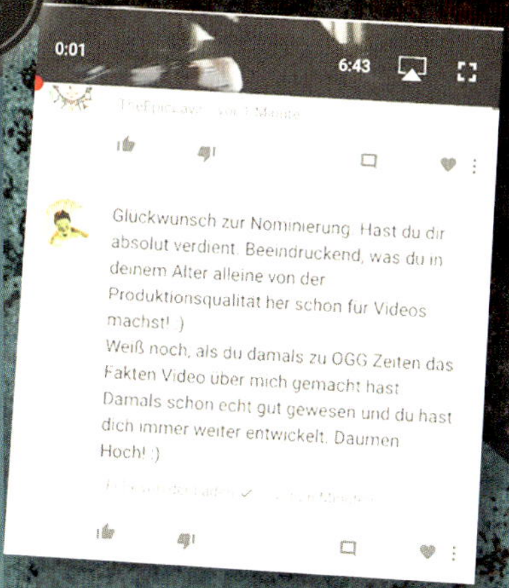

PIETSMIET UND DIE POLITIK

05.03.
2017

Peter von PietSmiet ist heute in Berlin unterwegs, und zwar in wichtiger Mission für die Internetwelt. Denn eine große deutsche Partei hat ihn und den Politiker Tiemo Wölken als Experten eingeladen, um mal zu erfahren, wie diese ganze Social-Media- und YouTube-Welt funktioniert. Peter findet das einen wichtigen Schritt.

„Ich hab keine Partei. Ich bin parteilos. […] Ich mach das einfach nur, um den Politikern ein bisschen näher zu bringen, was YouTube ist, was Social Media ist. Weil, wir sind ja auch die, die sich immer beschweren, dass die da oben keine Ahnung haben, und was sollen die da oben dann machen? Fragen! Lernen! Und ich find gut, dass gefragt wurde."

16.03.
2017

ITSCOLESLAW BRINGT IHR BUCH RAUS

Der Buchtrend bei YouTube ist real. ItsColeslaw spricht mit ihrem Buch „Wie ich aufhörte, perfekt sein zu wollen" in erster Linie Schüler an.

„Kurz gesagt geht's in dem Buch um die Frage: Wie zur Hölle soll ich die Schulzeit überleben? Meine Schulzeit war nicht gerade toll und ich weiß aus euren Kommentaren und Nachrichten, dass es vielen von euch genauso geht. Und genau deswegen dreht sich das Buch auch um dieses Thema."

ANDRES NEUER KÜNSTLERNAME

Ganz ursprünglich nannte er sich Andre Teilzeitnerd, danach nur noch Andre Teilzeit. Da er sich aber einen Künstlernamen wünscht, der eher das widerspiegelt, wofür er steht, nennt er sich ab jetzt Elliott Tender. Elliott ist geschlechtsneutral und wegen verschiedener Schreibweisen sehr variabel. Tender bedeutet sanftmütig, und zwar auf eine Weise, die zeigt, dass du dich um etwas oder jemanden kümmerst.

„Ich hab das Gefühl, das fasst mich gut zusammen. Das sagten auch Freunde, mit denen ich über diesen Namen bereits gesprochen habe."

23.03. 2017

20.03. 2017

TORGE WIRD VATER

Jep, bei Freshtorge und sophiejordi gibt's bald Nachwuchs! Eigentlich ist es untypisch für ihn, solche Dinge gleich öffentlich bekanntzugeben. Aber er will der Klatsch-Presse halt zuvorkommen, bevor die anfangen zu spekulieren. Eins klärt er aber auch gleich vorab: Er wird keine Schwangerschafts-Doku auf YouTube machen und auch nicht lauter „Babypups" posten.

#EQUALPAY

Tja, das Jahr 2017. Eigentlich müsste man meinen, dass einiges heutzutage schon richtig fortschrittlich laufen sollte. Aber wusstet ihr, dass Frauen in Deutschland im Durchschnitt 21% weniger verdienen als Männer? Und das, obwohl die Frauen gleich viel können und dieselbe Position im Job haben wie ein Mann. Um darauf aufmerksam zu machen, vereint „funk" einige YouTuber in einem Video zum „Equal Pay Day".

18.03. 2017

Frauen verdienenim
Durchschnitt 21% weniger.

DNER BEKOMMT SEINEN EIGENEN HELM

Und der sieht richtig geil aus. Wie es sich für einen Dner-Helm gehört, ist vorne auch sein „Spielkind"-Logo drauf. Ob er ihn mal brauchen wird? Es handelt sich nämlich um einen Rennfahrerhelm. Aber vielleicht macht Dner ja auch irgendwann mal Formel 1 Vlogs ... ;)

22.03. 2017

SAMI NIMMT UNS MIT INS TONSTUDIO

Aber nicht, weil Herr Slimani einen neuen Song aufnimmt, sondern weil er eine Rolle als Synchronsprecher für den Kinofilm „Die Schlümpfe – Das verlorene Dorf" bekommen hat. Wer sich den Film gönnt, sollte also mal ganz genau auf die Stimme von Vanity achten, dem Schlumpf, der immer mit einem Spiegel rumläuft.

KANALEMPFEHLUNG
für zwischendurch

Ihr seid zu schüchtern? Oder zwar selbstbewusst, würdet aber trotzdem gerne mehr Menschen mit eurem Auftreten von euch überzeugen können? Dann hat Benedikt vom Kanal RedeFabrik heute interessante Tipps für euch. Falls ihr euch aber auch fragt, warum manche YouTuber oder auch Leute wie Donald Trump so rüberkommen, wie sie eben rüberkommen, liefert euch Benedikt eine sehenswerte Analyse.

20.03. 2017

MRTRASHPACK RICHTET FORMULAR FÜR KANAL DER WOCHE EIN

Die Fragen nach den Bedingungen, wie man Kanal der Woche wird, sind jetzt vorbei. Phil hat nun ein Formular eingerichtet, über das sich jeder ganz leicht bewerben kann. Funfact: Minecraft-Kanäle sind immer noch die überwiegende Mehrheit der eingereichten Channel.

23.03. 2017

„BRINGT ES AUF DIE WELT!"

Immer wieder strahlt der fröhliche Tino in den Videos von Ceddotalk in die Kamera. Auch wenn Tino unter Trisomie 21, also unter dem Down-Syndrom leidet, ändert das an seiner Lebensfreude rein gar nichts. Denn Menschen, die wie er mit diesem Syndrom geboren wurden, sind oftmals sehr positiv und extrem sozial eingestellt und haben gern Kontakt zu anderen, egal ob Fremder oder Freund. Ceddotalk findet es schlimm, dass er immer öfter lesen muss, dass viele Kinder mit Down-Syndrom abgetrieben werden.

„Diese Menschen haben meiner Meinung nach jedes Recht zu leben."

Denn auch, wenn es sich vielleicht um ein eingeschränktes Leben handelt, so kann es dennoch ein sehr glückliches sein. Und Tino ist nicht nur selbst ein sehr zufriedenes Kind, sondern auch der Sonnenschein seiner Adoptivfamilie.

23.03. 2017

JANAKLAR
will auch mal random sein dürfen

Auf Janas Hauptkanal gibt es Comedy. Das sind ihre Follower gewöhnt, und genau das wünschen sie sich auch von ihr. Aber Jana hat auch mal Bock, was ganz anderes hochzuladen. Dafür gründet sie jetzt den Zweitkanal JANAund.

„Es gibt kein Konzept für diesen Kanal. Gar keins! Wenn ich hier morgen meine vegane Schminke herzeigen will, dann mach ich das!"

RAUS AUS DER „IRRELEVANZ"

Eigentlich wollte MrTrashpack immer nur YouTube News machen und diese kommentieren. Doch ein Video über den Beef von KsFreak und KuchenTV hängt ihm richtig nach. Seitdem muss er sich ständig mit Dislikes und Deabos rumschlagen. Und dann ist da auch noch dieser HerrNewstime, der ihm bis heute ständig die News wegschnappt. Hier muss sich was ändern. Deswegen helfen ihm die Experten Dennis und Benni vom World Wide Wohnzimmer aus der „Irrelevanz". Ab jetzt weht bei Trashi wieder Rückenwind.

31.03. 2017

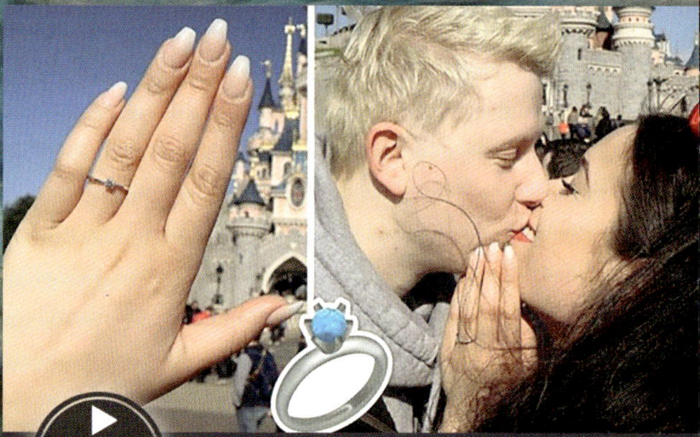

25.03. 2017

HEIRATSANTRAG
an SandyDynamite

Seit drei Jahren sind Daniel vom Kanal DynamitesLife und SandyDynamite schon ein Paar. Da Sandy wirklich hart auf Disney steht, machen die beiden einen Ausflug ins Disneyland. Es gibt wohl keinen besseren Ort, um genau das zu tun, was Daniel vor dem berühmten Schloss macht: seiner Sandy einen Heiratsantrag. Und sie sagt „Ja"! Wir wünschen euch alles Gute ;)

28.03. 2017

DNER MUSS WAS ÄNDERN

Als Dner bekommt man einen großen Auftrag nach dem anderen angeboten. Reiseangebote, ZDF Dokus, Veranstaltungen ... Auch wenn sich Felix gerne mehr Zeit für seine Kanäle nehmen würde, kann er manche kurzfristigen Angebote einfach nicht ablehnen, weil sie so geil sind. Das macht seinen Terminkalender so voll, dass er sich mittlerweile nur noch kaputt fühlt. Irgendwo muss er also zurückschrauben – und es trifft seinen Gaming-Kanal.

„Ich werde in den nächsten Wochen hier extrem wenig Videos machen. Ich werd versuchen, wenns geht, zwischendurch mal was zu machen. [...] Man braucht einen freien Kopf, um arbeiten zu können. Und wenn der Kopf vollgestopft ist mit 10.000 anderen Sachen, dann kriegst du auch nichts hin."

26.03. 2017

Gniechel erzählt uns die **2. WAHRHEIT**

Eigentlich hieß es, dass Gniechel sich die Glatze nur wegen seiner Rolle bei „The Addams Family" rasiert hat. Das war aber nur die halbe Wahrheit. Da seine Community mittlerweile einen Verdacht hat, legt er jetzt die Karten auf den Tisch: Tatsächlich hatte er am Kopf einen Tumor, aber keinen bösartigen. Da die Haare eh schon weg waren, hat er sich den gleich mit entfernen lassen. Mittlerweile ist aber alles wieder gut verheilt.

»

EITERBEULES FORMAT „SCHULÜBERLEBENSTIPPS" IS BACK

25.03. 2017

MAMA VEGAS WIRD ÜBERRASCHT

Ein wunderschönes Video auf dem Kanal Vegas Films. In ihrer Jugend hat Vegas' Mama auf dem Rhönrad geturnt. Doch seit 40 Jahren stand sie in keinem mehr drin. Deshalb möchte Vegas ihre Mutter jetzt überraschen, indem sie sie mit zum TuS Neukölln nimmt, wo Rhönradturnen trainiert wird. Als ihrer Mom die Überraschung klar wird, ist sie so gerührt, dass ihr die Tränen kommen. Und heute, nach 40 Jahren, steigt sie endlich wieder in ein Rhönrad und turnt wieder leichte Übungen. Das macht sie dermaßen glücklich, dass sie – und kein anderer Vergleich könnte das besser ausdrücken – heller strahlt als die Sonne. Ein tolles Beispiel, wie man einer Mami zeigen kann, wie lieb man sie hat.

BEN KRIEGT NE EIGENE APP

Bens App soll auf den Markt kommen. Damit kann sich seine Community nun bestens informieren, was bei Ben so abgeht. Außerdem kann sie ihm Fragen stellen oder sogar für Fancalls von ihm angerufen werden, wenn sie ihre Nummer angeben. Die App ist allerdings noch in der Testphase. Ein paar Glückliche aus der Community können sie aber jetzt schon ausprobieren.

MABACHERTV WIRD 40!

29.03. 2017

„40 zu werden ist jetzt keine große Leistung. Es heißt lediglich, dass man es geschafft hat, nicht zu sterben."

Und das meint der österreichische YouTuber MabacherTV auf keinen Fall auf eine depressive Art und Weise. Denn er ist behindert. Als er auf die Welt kam, meinten die Ärzte: „Der wird ned lang. Des haut ned hin mit eam." So beschreibt MabacherTV das zumindest selbst. Mit anderen Worten, sie gingen davon aus, dass sein Leben nur sehr kurz wird. Und dennoch kann er heute nach 40 Jahren sagen:

„Wenn das Video jetzt online ist, wissen wir alle, dass ichs gschafft hab! [...] Und ich hab jetzt ned unbedingt vor, dass es am 31. März zu Ende ist."

Funfact: Wegen seines schwarzen Humors hat MabacherTV sein Geburtstagsvideo auf einem Friedhof gedreht.

ZEO BEKOMMT 14.700 EURO GESPENDET

Über Zeos und YoshTards letzten YouTube Spielfilm „Die Idee von Glück" haben wir euch ja schon erzählt. Auch dieses Jahr wollen die Jungs nachlegen. Das wäre dann schon ihr 4. Film.

Um den noch geiler machen zu können, starteten die Münchner YouTuber eine Crowdfunding-Kampagne mit dem Ziel, 10.000 Euro zu erreichen.

Das Ergebnis zieht allen die Schuhe aus: Lecko-mio-mäßige 14.700 Euro kommen zusammen!

AP

2017

RIL

VORBILDSPREIS FÜR JULIEN BAM

Auf dem Kanal Mein Vorbild zeichnet der Moderator Hamed Chaudhry alle möglichen Personen des öffentlichen Lebens für ihre gut umgesetzte Vorbildfunktion aus. Das können YouTuber wie Alberto oder Sallys Welt, aber auch Leute aus dem Sport, Fernsehen oder der Politik sein. Heute trifft sich Hamed mit dem nächsten Gewinner des Preises: Julien Bam.

01.04. 2017

07.04. 2017

SHIRIN DAVIDS Community-Parfum

Vor fast zwei Monaten wollte Shirin, dass ihre Community einen Fragebogen ausfüllt. Je nach Ergebnissen sollte dann ein Parfum entwickelt werden, das genau dem Geschmack der Community entspricht. Was dabei rausgekommen ist, kann man ab heute in einer bestimmten Drogeriehandelskette erschnuppern.

COLLAB: MARVYN MACNIFICENT & OSSI. GLOSSY

05.04. 2017

B.A. VERRÄT, DASS ER DAS LETZTE MUSIKVIDEO VON TOKIO HOTEL PRODUZIERT HAT

09.04. 2017

KUCHENTV BRAUCHT KEIN VOLLGAS

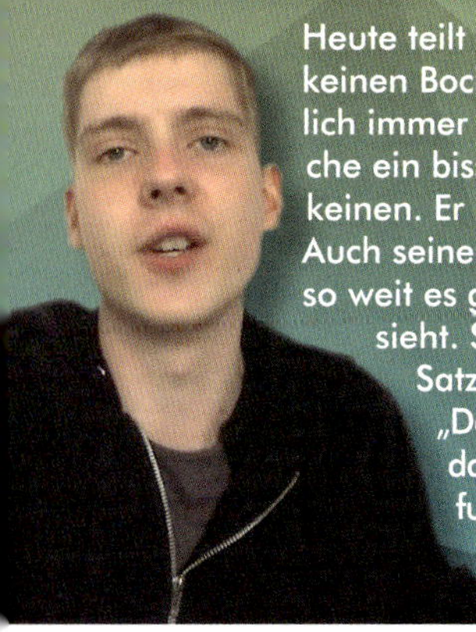

Heute teilt KuchenTV seiner Community mit, dass er keinen Bock mehr auf Clubs hat. Am Ende lief es nämlich immer darauf hinaus, dass er nur auf der Tanzfläche ein bisschen rumgewippt hat, aber Spaß hatte er keinen. Er ist halt einfach nicht der Typ für den Kram. Auch seinen Alkoholkonsum will er ab jetzt aus Prinzip so weit es geht runterfahren, weil er keinen Sinn darin sieht. Sein Cousin habe da einen ziemlich richtigen Satz gesagt:

„Der meinte so: ‚Naja, man freut sich dann halt darüber, dass der Körper nicht mehr richtig funktioniert.' Wenn man so nachdenkt, dann ist es halt einfach 1:1 wahr."

FYNN KLIEMAND – VOM HEIMWERKER ZUM AUTOR

Jetzt hat Fynn Kliemann zusammen mit Lars Kelbert sogar sein eigenes Buch gebaut. Der Titel „ÖV AEÖV EUEIJ" passt auch super zu Fynns Humor. Interessant ist, dass er das komplett ohne Verlag, sondern nur mit eigenen finanziellen Mitteln rausbringt.

ANNIKAZION SPECIAL GUEST

04.04. 2017

Es ist ihr erfolgreichstes Format auf YouTube: „Die Jungs-WG". Eigentlich ist das eine Fernsehsendung von ZDFtivi, in der es in jeder Staffel um jeweils andere fünf Jungs geht, die vier Wochen lang ohne Eltern in einer WG leben. Annikazion kommentiert auf ihrem Kanal, was bei den Jungs so abgeht. Dabei macht sie sich auch durchaus mal über sie lustig. Einer der Jungs – Lukas – hat das mitbekommen und sie angeschrieben. Lustigerweise findet er das, was Annika macht, aber nicht kacke, sondern eigentlich total witzig. Deshalb treffen sie sich jetzt bei ihr und kommentieren die Jungs-WG mal zusammen in einem Video. Ziemlich geile Annikaktion!

04.04. 2017

TVMIXMAX startet Spendenaktion

„Ich weiß, ich bin kein großer YouTuber, ich bin kein großer Social-Media-Irgendwas, aber ich finde trotzdem, dass man auch mit ganz vielen kleinen Sachen einfach was Gutes tun kann."

Und genau deswegen ruft TvMixMax eine Spendenaktion ins Leben, mit der er die Deutsche Kinderkrebsstiftung unterstützen möchte. Durch seinen Stream auf YouNow hat er bereits 185 Euro sammeln können. Der heutige Aufruf auf seinem YouTube-Kanal soll das Ganze noch weiter verstärken.

JOYCE ILG als Lockvogel bei „VERSTEHEN SIE SPASS?"

01.04. 2017

Früher sagte man „Verstehen Sie Spaß?". Im Internet wurde daraus „It's a praaank, Brooooo!" Joyce geht wieder back to the roots, und zwar in jeder Hinsicht. Beim Fernsehen in der SWR-Show „Verstehen Sie Spaß?" ist sie ab heute die Person, die die Opfer in die Falle lockt und prankt. Und ohne Spaß, sie macht das echt gut!

17.04. 2017

13 GRÜNDE WARUM DU DEIN LEBEN LEBEN SOLLST

„Warum hörst du auf zu Träumen? Warum hörst du auf, an deinen Träumen und Zielen zu arbeiten? Warum gibst du dich mit dem Jetzt zufrieden, wenn du weißt, dass es nicht das ist, was du willst?"

Mit diesen Worten startet Martin Schengel sein Motivationsvideo, in dem er 13 Gründe nennt, warum es Zeit ist, das Leben mit dem großen Löffel zu essen. Und mal ganz ehrlich: Man hört ja viel zu oft, was alles unmöglich sei und was man alles nicht schaffen kann. Da kann man eine ordentliche Portion Motivation immer gebrauchen.

FaN DER

Ihr kennt das: Alles war schön und ruhig und wundervoll, doch dann zieht einfach Leon von den Grischistudios nebenan ein und eine ausgewachsenen Fangirleritis greift um sich. Hartes Schicksal. Unheilbar. Armer Fabian. Den hat's nämlich im neusten Trailer von Grischistudios

16.04. 2017

END DAS GEILE FANGESCHENK

Da staunen nicht nur Toni Pirosa und Nia. Ihr Follower @kleine_reiswaffel hat tatsächlich ein Bild von den beiden aus 47.000 Bügelperlen gemacht! 10 Tage hat sie dafür gebraucht. Echt heftig und einfach end geil! Wir feiern dich, kleine_reiswaffel!

26.04. 2017

KEINE ANSAGE AN CONCRAFTER!

Ansagen gibt's auf YouTube genug, findet Lina vom Kanal LiDiRo. Darauf hat sie keinen Bock. Wenn sie schon einen größeren YouTuber erreichen will, dann kreativ! Deswegen backt sie jetzt die erste ConCrafter-Pizza mit Lucas Gesicht drauf.
Am Ende lacht sich Lina über ihr Werk kaputt, obwohl die Pizza gar nicht so schlecht aussieht. Es ist eben viel wichtiger, die Zuschauer zum Lachen zu bringen, als perfekte Porträts auf Pizzen nachzubasteln.
Gute Laune garantiert!
Funfact: Mekt euch Linas Kanal. Die geht echt steil. Bis zum nächsten Jahrbuch knackt sie safe die Million! ;)

12.04. 2017

gIRL FILM

richtig erwischt. Was wohl sein bester Freund Tobi dazu sagt? Wir sagen dazu: Reife Leistung! Denn der Trailer ist super lustig und richtig gut produziert. Die Jungs werden einfach immer besser! Da sind wir auch gern Fangirls :-)

18.04. 2017

Das gab's noch nie! Schon in der Vergangenheit hat Gronkh immer wieder zusammen mit anderen YouTubern wie z. B. PietSmiet die „Aktion Deutschland Hilft" unterstützt. Die Organisation hilft eigentlich überall, wo Hilfe dringend benötigt wird, egal ob bei Naturkatastrophen, Hungersnöten oder anderen Brennpunkten. Jetzt ernennt sie den Minecraft-LP-Daddy zu ihrem ersten Digitalbotschafter. Damit setzt er sich jetzt erst recht für die Unterstützung von Menschen in Not ein.

19.04. 2017

GRONKH WIRD DIGITALBOTSCHAFTER!

KELLY DER ERFAHRUNGSHUNTER

„Ich bin irgendwie so n komischer Erfahrungshunter. Sobald es irgendwo so ne crazy Erfahrung zu holen gibt, hol ich sie mir einfach." Und da kommen auch schon zwei Tätowierer zum „funk" Format „Guten Morgen, Internet!" Die beste Gelegenheit, um nochmal eine Erfahrung zu jagen. Natürlich muss Kelly die Gelegenheit ergreifen. Was werden nur ihre Eltern dazu sagen? Der Vater ist ja eigentlich nicht so Fans von Tattoos.

Denen beichtet sie das dann auch am Telefon. Der häufigste Spruch, der bei diesem Gespräch fällt: „Jesus Maria!" – Kellys Mama

DILLAN NICHT MEHR BEI „FUNK"

Für „funk" zu produzieren hat für YouTuber schon Vorteile, und die finanzielle Absicherung ermöglicht teilweise auch Produktionen, die man selbst nicht hätte stemmen können. dillan white. möchte seinen Kanal trotzdem wieder ganz für sich haben. Deswegen sind er und „funk" zu dem Schluss gekommen, dass es besser wäre, getrennte Wege zu gehen. Nach sechs Monaten ist sein Kanal damit wieder allein in seinen Händen.

ROADTRIP NAMIBIA

Weil es letztes Jahr so schön war, gibt's dieses Jahr auch wieder einen Roadtrip durch Namibia. Mit EES reisen JANAklar, MrTrashpack, Yared, Freshtorge, Cheng Loew, Sabibooo, Matze und ChrisTezz zusammen acht Tage lang durch das afrikanische Land.

17.04. 2017

JULIEN BAMS EIGENES HAUS

21.04. 2017

Ein echtes Traumhaus, was sich Ju da geangelt hat. Damit hat er endlich das, was ihm in seinem alten Büro gefehlt hat: Platz. Ju und sein Team haben auf engstem Raum gewohnt, gelebt und produziert – Tag und Nacht. Die Nachbarn sind dabei nicht nur ein Mal an die Decke gegangen. In dem neuen Haus können sich die Jungs endlich richtig entfalten. Es ist für alle gleichzeitig ein schönes Zuhause und ein Produktionstempel.

„Eine neue Ära ist nicht nur für mich, sondern für mein ganzes Team angebrochen."

Emrah !
Ahhh ich werde die legendäre Wohnung vermissen 😢 aber Glückwunsch fürs neue krasse Haus 😍😱 Wenn ihr noch ne Putzstelle frei habt ruft mich an!!! Im ready!! Hahahah ❤️

21.04. 2017

Erste DSDS Liveshow **MIT SHIRIN**

24.04. 2017

Heute ist es soweit! Das neue DSDS-Jury-Mitglied Shirin David hat ihren ersten Auftritt in der Liveshow. Ein wenig aufgeregt sieht sie ja schon aus, bevor es losgeht. Während der Show wirkt sie aber eigentlich ganz locker.

24.04. 2017

17.04. 2017

„DU BIST SCHÖN FÜR NE SCHWARZE"

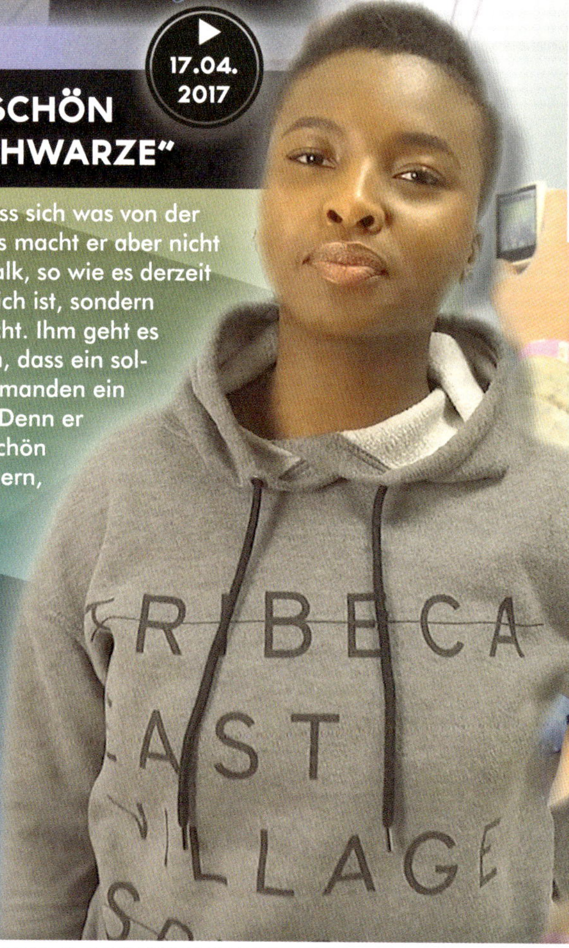

Jokah Tululu muss sich was von der Seele reden. Das macht er aber nicht mit einem Realtalk, so wie es derzeit auf YouTube üblich ist, sondern mit einem Gedicht. Ihm geht es darum zu zeigen, dass ein solcher Satz für niemanden ein Kompliment ist. Denn er sagt nicht, wie schön jemand ist, sondern, wie hässlich die anderen sind.

„Lass uns aufhören, in Farben und Nationen zu denken! [...] In erster Linie sind wir nämlich weder schwarz noch weiß, sondern Mensch!"

VIKTORIASARINA BEKÄMPFEN LANGEWEILE

Und auch ViktoriaSarina gehen unter die Buchschreiber. „Spring in eine Pfütze" versorgt euch mit 365 Aufgaben, die man innerhalb, aber auch außerhalb des Buches machen kann. Damit wird einem ein Jahr lang erst mal nicht mehr langweilig.

#4GAMECHANGER EVENT IN ÖSTERREICH

71con, #4community, #4gamechanger – Die Veranstaltung hat mittlerweile viele Namen. Auch dieses Jahr fährt Studio71 mit 24 YouTubern auf österreichs größtes YouTuber-Fantreffen, das vom Netzwerk selbst und PULS 4 veranstaltet wird. Von ConCrafter, KsFreak und Krappi bis hin zu MarcelScorpion, Sophia Thiel und Joon Kim sind genug da, um alle glücklich zu machen. Laut Veranstalter sind heute mehr als 5.000 Leute am Start.

MESSAGE AN ZUKUNFTS-FLO

Über was hat sich Flo nicht alles gefreut, als er noch ein Kind war. Darüber, dass er blinkende Schuhe hat, oder dass er zum ersten Mal fliegt. Wenn man Erwachsen wird, verlernt man das ein wenig. Flo wird das so richtig bewusst, als er ein altes Holzauto, das er als Kind gebaut hat, wieder in den Händen hält. Deswegen hat er eine Message an sein Zukunfts-Ich:

„Weil man eben das Gefühl hat, dass alles andere so viel wichtiger ist und so viel größer, dass man sich nicht darüber freuen darf oder dass man nicht auch mal traurig sein kann wegen irgendwas, sondern alles nur so halb ironisch erlebt. Also, man sollte auch mal wieder so Kind sein dürfen. [...] Also wenn du – also ich – mir das angucke in fünf Jahren, dann hoff ich, dass du was daraus gelernt hast!"

FELIX' EIGENE DOKU-SERIE

Vlogging-Master Felix von der Laden mischt ab jetzt auf dem Kanal follow me.reports auch im „funk"-Angebot mit. Worum geht's hier? Felix stellt sich die Frage: „Hat in Deutschland jeder die gleichen Chancen? Oder bleibt arm arm und reich reich?" Dabei kommt jede Woche ein neues Video, in dem er Menschen mit krassen Geschichten trifft. Durch sie will er sich und uns diese und noch tiefer greifende Fragen beantworten. In der zweiten Staffel wird dann Jodie Calussi zum Thema Traumberufe die Kamera übernehmen.

HERRNEWSTIME PHILOSOPHIERT AUF SEINEM ZWEITKANAL

23.04. 2017

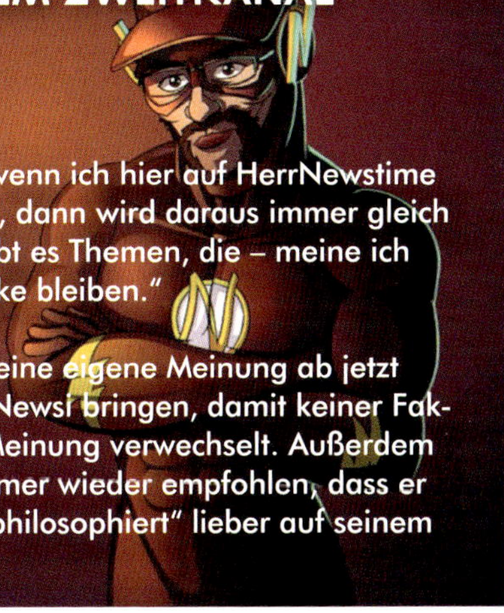

„Ich habe das Gefühl, dass, wenn ich hier auf HerrNewstime [...] über eine Mücke spreche, dann wird daraus immer gleich ein Elefant. Und vereinzelt gibt es Themen, die – meine ich zumindest – sollten eine Mücke bleiben."

Deshalb will HerrNewstime seine eigene Meinung ab jetzt eher auf seinem Zweitkanal Newsi bringen, damit keiner Fakten mit seiner persönlichen Meinung verwechselt. Außerdem hat ihm seine Community immer wieder empfohlen, dass er sein Format „HerrNewstime philosophiert" lieber auf seinem Zweitkanal bringen soll.

MARSPET GRÜNDET NOCH EINEN KANAL

Zwar ist Marspet immer der Meinung, dass man auf dem eigenen Kanal das machen soll, worauf man Bock hat. Aber irgendwann hat er selbst nicht mehr verstanden, wofür sein Channel überhaupt da ist und was seine Funktion sein soll. Deshalb verteilt er all das, was ihm Spaß macht, auf mehrere Kanäle. Einen Zweitkanal, auf dem er ASMR (Entspannungsvideos) macht, gibt es schon. Jetzt kommt noch der Marspet Reacts Channel dazu, damit er auch einen Platz für seine Reaction-Videos hat. Was zukünftig auf seinem Hauptkanal kommt, das verrät er heute noch nicht.

„Diese unterschiedlichen Kanäle sollen einfach mir und euch helfen, etwas Überblick zu haben."

ERSTE REAKTIONEN AUF FOLLOW ME.REPORT

#FelixmakesYoutubegreatagain !!!

Ich finds fantastisch und das du einer der wenigen Youtuber bist, welcher seine Reichweite auch mal für ernste und sinnvolle Themen nutzt. Fetter Respekt

Eine sehr unterhaltende Reportage. Wie ihr das macht, gefällt mir persönlich echt gut. Solche Kanäle werten YouTube echt auf!

Antworten • 93

EIN BEAUTY-TUTORIAL DER ANDEREN ART

Anderen Leuten zu zeigen, wie man sich schminkt, ist ein Klassiker in der Branche der Beauty-Vlogger. Aber Svenja Schmidt vom Kanal „Svenja Says" ist das zu simpel. Sie kombiniert daher ein Schminktutorial mit einer deepen Message. Sie schminkt sich Worte in Form von Wunden und Narben auf den Körper. Das soll zeigen, wie verletzend die Dinge sein können, die wir uns manchmal gegenseitig an den Kopf werfen. „Glaubst du, diese Welt wäre besser, würde man nur sehen, wie verletzend schon Worte sein können?"

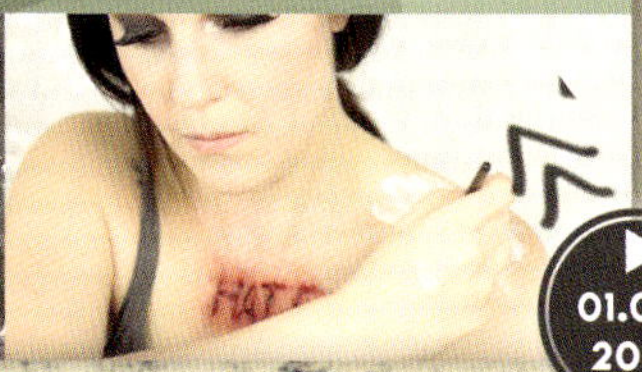

01.04. 2017

IBLALI AUF DER #IGNITION

Diesmal ist Vik bei der Düsseldorfer Musikveranstaltung #IGNITION zu Gast. Singen wird er zwar nicht, dafür aber über seine Gamingerfahrung und seine heimliche Liebe zu Japan erzählen. Dazwischen spielen die Düsseldorfer Symphoniker Lieder aus seiner Heimat Kasachstan, aus Japan und Soundtracks aus Videospielen und Animes.

25.04. 2017

LOCHIS PLANEN ZWEITEN KINOFILM!

27.04. 2017

Nach einer großen Enthüllung in der BAMS plaudern die Lochis jetzt bei Benni und Dennis vom World Wide Wohnzimmer über ihren neuen Kinofilm. Der soll in diesem Sommer gedreht werden und „noch viel größer, viel professioneller und schauspielerisch auch viel besser als 'Bruder vor Luder'" werden. Na dann, wir sind gespannt! :)

80% CHALLENGE – GEHT WÄHLEN!

25.04.
2017

„Ihr wollt wählen, wann ihr aufwacht. Ihr wollt wählen, wen ihr liebt. Und ihr wollt wählen, was ihr postet. [...] Ihr wollt wählen, welche Wege ihr geht. Stellt sich mir nur die Frage, warum 30% der Wahlberechtigten in Deutschland nicht ihre Politik wählen wollen."

Da hat Jodie Calussi definitiv recht. Wir wählen dabei schließlich, welche Richtung Deutschland in den nächsten vier Jahren einschlagen wird, und das betrifft das Leben von uns allen.

Überhaupt wählen zu dürfen, ist nicht selbstverständlich. Es gibt immer noch viele Länder, in denen Menschen keine Wahl haben. Deshalb sollte jeder, der in Deutschland das Recht zu Wählen hat, es im September bei der Bundestagswahl auch unbedingt nutzen. Lasst uns alle versuchen, die 80% Challenge zu schaffen und die Wahlbeteiligung dieses Jahr auf 80% zu heben. Denn wir geben nicht nur Politikern unsere Stimme, sondern beeinflussen damit auch unsere eigene Zukunft.

RAZE-TS ERFAHRUNG MIT BLINDEN

24.04.
2017

Bei seinem FSJ (Freiwilliges soziales Jahr) hatte Raze-T mit blinden Menschen zu tun. Dabei hat er gemerkt, wie heftig es ist, wie ihnen die Fähigkeit zu Sehen überhaupt nicht fehlt, weil sie das mit ihren anderen Sinnen so stark ausgleichen. Raze-T meint sogar, dass unsere Sinne viel beschränkter sind als ihre, weil sie mit ihren vier Sinnen mehr wahrnehmen als wir.

„Für mich war's tatsächlich eine der wertvollsten Erfahrungen meines Lebens und ich würde es jedem nur empfehlen, sowas mal zu machen. Einfach mal ein Jahr lang mit Menschen zu arbeiten, ist ne starke Erfahrung."

YOUTUBE EINNAHMEN BRECHEN ZUSAMMEN

Vor Kurzem hatten wir erst noch das Abobox-Problem. Jetzt sind es die Werbeeinnahmen. Auf einmal schaltet YouTube bei sehr vielen YouTubern entweder gar keine oder nur noch sehr wenig Werbung. Bei manchen werden einige Videos ganz demonetarisiert, weil sie nicht werbefreundlich genug seien.

Was ist hier also los? Im März hieß es noch, dass einige Firmen YouTube boykottieren und keine Werbung mehr auf der Plattform schalten wollen. Der Grund: Ihre Clips sollen vor Hass- und Propagandavideos gelaufen sein, was ihnen logischerweise gar nicht gepasst hat.

Jetzt vermuten einige YouTuber wie Honigball, HerrNewstime oder KuchenTV, dass der Zusammenbruch der Einnahmen damit zusammenhängt. Ob es aber tatsächlich so ist, dazu sagt YouTube selbst nichts.

YouTube hat da nun mal generell Schwierigkeiten, da sie nicht jedes der hochgeladenen Videos genau auf den Inhalt prüfen können. Das muss ein Algorithmus für sie machen, und der liegt mit seinem Verdacht nicht immer unbedingt richtig.

MA

2017

13.05. 2017

DIE LOCHIS SIND 18!

Erst mal herzlichen Glückwunsch dazu, Jungs! Ob auf eurer Party eure fünf neuen Songs laufen? Immerhin kommt zu diesem Anlass ja die Deluxe-Edition #zwilling18 eures Albums #zwilling mit den neuen Songs raus.
Heiko und Roman, ihr zwei habt bis hier hin für euer Alter schon erstaunlich viel gerissen und seid weiterhin fleißig und ehrgeizig ohne Ende! Wir wünschen euch für die nächsten Jahre noch viel Erfolg bei allem, was ihr zusammen tut. Bleibt das gute Team, das ihr seid, und lernt stets voneinander. Cheers, auf euch!

Jacko Wusch & Michael Buchinger:

YOGA FÜR ANFÄNGER

What's poppin'?

02.05. 2017

DNER KÜNDIGT WIEDER GAMING AN

„Leute! Es wird wieder Gaming geben. Ab Juli! 100% versprochen! Davor wird's halt leider sehr eng, weil ich verschiedene Dokus noch drehe. […] Aber dann gibt es wieder Gaming."

01.05. 2017

DOMINOKATI BRINGT #MAYBEPERFECT ZURÜCK

Vor 3 Jahren hat DominoKati es das letzte Mal gemacht. Dieses Jahr will sie sich mit ihrer Community auch wieder perfekt auf den Sommer vorbereiten. #maybeperfect heißt, dass im Mai alle 2 Tage ein Video kommt, das uns schon mal in Stimmung bringen soll – sowohl innerlich, als auch äußerlich.

Wap bap wah da de da da
Wap bap wah

05.05. 2017

BIBIS EIGENER SONG

Wap bap wah da de da dah
Dap bap bah da de da dah
Dap bap bah da de da dah dah!
Wap bap wah da de da dah
Dap bap wah da de da dah
Dap bap Bah da de da dah dah!

THAT'S JUST HOW IT IS.

01.05. 2017

Rundfunkanstalt lässt **PIETSMIETTV** keine große Wahl

Das Dilemma um den Zweitkanal der Smiets auf Twitch, PietSmietTV, und die Landesmedienanstalt in NRW kommt heute zu einem Ergebnis: Die PietSmiets schalten PietSmietTV ab. Wie ist es so weit gekommen? Am 21. März 2017 wurden die Jungs von der Landesmedienanstalt kontaktiert. Es ging darum, dass das, was sie auf PietSmietTV senden, in Deutschland als Rundfunk gilt. Das ist dann der Fall, wenn man

- regelmäßig oder dauerhaft auf Sendung ist
- der Inhalt „journalistisch-redaktionell" gestaltet ist
- der Inhalt linear verbreitet wird
- sich das Angebot an mindestens 500 Zuschauer gleichzeitig richtet

All das ist bei PietSmietTV in den Augen der Landesmedienanstalt NRW der Fall. So bliebe den Jungs nur noch die Möglichkeit, eine Rundfunklizenz zu erwerben. Diese soll jedoch mindestens 1.000 Euro im Monat kosten und beinhaltet strenge Jugendschutzbestimmungen. Games ab 16 Jahren dürfen nicht vor 22 Uhr, Games ab 18 Jahren nicht vor 0 Uhr gesendet werden. Man braucht außerdem einen Jugendschutzbeauftragten, und auch bei Werbung gelten viel strengere Regeln, um nur mal ein paar der Konsequenzen aufzuzählen.
Die Smiets wollen sich diesen Stress allerdings nicht antun. Deshalb schalten sie heute ihren 24-Stunden-Livestream-Kanal PietSmietTV ab.
Auch andere, große wie kleine Streamer, die sich entweder keine Lizenz leisten können oder wollen, könnten von diesem wenig zeitgemäßen Gesetz betroffen sein.

Deshalb setzt sich Peter von den Smiets für die streamende Onlinewelt ein, indem er immer wieder mit Politikern spricht, damit sie diese Onlinewelt mal verstehen.

Auch seitens der Landesmedienanstalt heißt es: „Das Netz ist voll von rundfunkähnlichen Angeboten. Daher sollte es hier zeitnah zu einer Anpassung der Gesetze kommen."
Doch solange sich da nichts ändert, müssen sie auf Grundlage der bestehenden Gesetze ihren Job machen, egal, ob das sinnvoll erscheint oder nicht.

02.05. 2017

RYOLE startet seinen Vlog-Kanal

„Ich habe meinen VLOG-Kanal nach meinem echten, bürgerlichen Namen Dustin Naujokat benannt, weil ich einfach das Gefühl hatte, Ich zu sein. Also nur ich. Kein Künstlername oder so etwas. Ich bin Dustin Naujokat und meine Videos begleiten mein verrücktes Leben. Warum sollen mich also die Zuschauer anders kennen oder ansprechen, als mit meinem echten Namen?"

BIST DU BEHINDERT?!

„Meine Güte. So viele Hate-Kommentare, so viel Hass im Netz. Auch mir geht das langsam an die Substanz. Ich glaub, ich muss mich heute ein wenig aussprechen." Dabei geht es vor allem um Kommentare wie „Spast", „Mongo" oder „Bist du behindert". Um den Umgang mit diesen Beleidigungen zu diskutieren, holt sich Rayk Anders jemanden ins Video, der sich sehr für Behinderte einsetzt und auch selbst behindert ist: Raúl Krauthausen. Anlass für dieses Treffen ist aber auch der heutige #barrierefreiTag.

05.05. 2017

DNERS ERSTES RENNEN

Auf Nervenkitzel scheint der Junge ja zu stehen. Vor kurzem hat er noch das erste Mal auf der Rennstrecke trainiert. Jetzt fährt Dner direkt ein Autorennen mit Vettels ehemaligem Wagen auf einer tschechischen Rennstrecke. Am Ende schafft er den 10. Platz. Starke Leistung!

08.05.
2017

Es muss ja nicht immer gleich die hohe Kunst wie die „Mona Lisa" oder „Ein Hauch von Tüll" sein. Man kann ja auch mal ganz andere Bilder genau analysieren. Wie wär's also mit Kinderbildern? Ist zumindest ne lustige Idee von Honigball. Deshalb ruft sie ihre Community dazu auf, ihr Bilder zu schicken, die von Kinderhand gemalt wurden.

DIE ETWAS ANDERE KUNSTANALYSE

14.05.
2017

THUMBNAIL DER WOCHE

Wenn's mal nicht der Kanal der Woche bei MrTrashpack sein soll, dann kann man ja vielleicht bei Ultralativs "Thumbnail der Woche" erfolgreich sein. Für diese Woche gewinnt zwar kein YouTuber, dafür aber der Kanal Terra X Lesch & Co. Das Team um den sympathischen Physikprofessor Harald Lesch gibt sich aber auch echt große Mühe bei den Thumbnails und hat es auch verdient. Eins würde uns jetzt aber schon interessieren: Dürfen wir Sie jetzt auch YouTuber nennen, Herr Lesch?

NEWSI UND TRASHI TREFFEN SICH DAS ERSTE MAL

Unglaublich: Anders, als bei den News, die HerrNewstime meist schneller bringt als MrTrashpack, ist Trashi diesmal tatsächlich zwei Stunden früher als Newsi am Start beim XXL-Tuberday!

13.05.
2017

12.05.
2017

MARCELSCORPION ÜBERRASCHT KLASSE MIT SEINEM BUCH ALS SCHULLEKTÜRE

GUSI WILL WEITERMACHEN UND NICHT AUFGEBEN

Groß geworden ist Gusi vor allem mit Videos wie „Versuch nicht zu lachen“ oder „Ich versende mich per Post“. Doch dann kam der Punkt, an dem er gemerkt hat, dass er nur noch eine Rolle spielt. Das will er in Zukunft ändern. „Ich will inspirieren und Leute dazu ermutigen, weiterzumachen und nicht aufzugeben, egal, wie ausweglos die Situation auch scheinen mag.“

10.05. 2017

PHILIPP STEUER WILL SEIN DING MACHEN

Heute erklärt uns Philipp, wieso er eine kleine Pause von YouTube gebraucht hat. Die Kooperation mit einem Mobilfunkanbieter sei einfach sehr anstrengend gewesen.

„Dieser ständige Produktionsdruck, der ist mir richtig auf den Sack irgendwann gegangen, weil es einfach keinen Spaß macht, wenn du immer genau weißt ‚Ok, du musst jetzt das und das so machen‘.“

Die Kooperation verlief aber gut und auch privat ist bei ihm alles in Ordnung. Sein Kanal soll zukünftig eine Mischung aus Technik und News aus seinem Leben bieten.

13.05. 2017

BIBI KOMMT INS MADAME TUSSAUDS

„Ich werde ab dem 9. Mai ein eigenes Hologramm von mir im Madame Tussauds Berlin haben! Das ist einfach so unfassbar krass! Ihr wisst gar nicht, wie aufgeregt ich davor bin und wie sehr ich mich darauf freue.“ Bibi bringt es auf den Punkt. Damit ist sie die erste deutsche YouTuberin, von der es ein solches Hologramm gibt. Mein lieber Scholli!

09.05. 2017

TUSSAUDS

COMMUNITY MUSIKVIDEO

AbisZett beschäftigt sich auf ihrem Kanal viel mit Kurzfilmen und dem Thema LGBT. Ihre Community steht aber nicht nur auf Filme und Toleranz, sondern auch auf Musik. Alicia verbindet die Lieblingslieder ihrer Zuschauer jetzt zu einem Community-Konzert der besonderen Art. Richtig schön!

18.05. 2017

TUBECLASH: AUF DER SUCHE NACH EINEM HÖRSPIELTITEL

17.05. 2017

darkviktory
@darkviktory
Follow

So, wir starten das #TubeClash-Hörspiel :D
Als erstes brauche ich einen Titel von euch! :D
Auf jeden Fall dabei: Coldmirror, Kelly, Manu :D

#KOSTORY ZIEHEN NACH LONDON

Vor zwei Jahren war KostasKind in London. Die Stadt hat ihn dabei so hart geflasht, dass er mal dort wohnen wollte. Aber was tun, wenn man in einer Beziehung ist und nicht zu lang vom Freund getrennt sein will? Mit darkviktory kein Problem. Er hat auch Bock darauf. Deshalb kündigen die Jungs heute an, dass sie ab dem 10. August für ein Jahr nach London ziehen werden.

26.05. 2017

NEUER YOUTUBER JAM

21.05. 2017

Letztes Jahr gab es schon einen und dieses Jahr bringt rezo auch wieder einen YouTuber Jam raus. Dafür sucht er sich Ausschnitte aus Videos von anderen YouTubern, in denen sie ein Geschäusch machen. Daraus bastelt sich rezo einen Beat, zu dem er dann singt. Immer wieder geil!

WARUM HAT DIESERPAN SEINE VIDEOS GELÖSCHT?

16.05. 2017

darkviktory
Beste Entscheidung, wirklich, Brudi <3
Freue mich auch übelst endlich wieder mehr von dir persönlich zu sehen :) Und glaube, da bin ich nicht der Einzige :D

Wir wollten dieserpan im Jahrbuch eigentlich schon früher erwähnen. Aber es ist immer daran gescheitert, dass die Videos, über die wir schreiben wollten, alle offline sind. Heute erklärt er, warum das so ist. dieserpan hat in der Vergangenheit viele Faktenvideos über andere YouTuber produziert, die auch ganz gut liefen. Weil er seine Kollegen aber möglichst fair behandeln wollte, hat er seine Videos so objektiv wie möglich gestaltet.

„Durch diese Objektivität hab ich nach und nach meinen persönlichen Touch verloren. Ich war so objektiv, dass in den ‚Wer ist'-Videos nicht mehr viel von mir durchkam."

Am Ende hat dieserpan seine „Wer ist"-Videos gelöscht, weil es auf seinem Kanal um ihn selbst gehen soll. Für seine Faktenvideos hat er jetzt seinen Zweitkanal PAN eröffnet.

LAUTER FIDGET SPINNER

Ja guuuut! Was kann so ein Fidget Spinner? Er kann sich drehen. In deiner Hand, auf dem Boden, egal wo. Sowas kann schon ausreichen, um einen fetten Hype auszulösen. Alle möglichen Leute haben so ein Ding. Einige YouTuber machen ganz besonders kreative Videos zum neuen Trend, in denen sie sich selbst einen Spinner aus Holz, einem kaputten Handy oder sogar gefrorener Cola basteln. Wenn wir uns in einem Jahr fragen, wie das zum mega Hype werden konnte, werden wir es wohl immer noch nicht verstehen. Aber wisst ihr was? Wir glauben, dass das auch egal ist. Scheint ja irgendwie mit den meisten Trends auf YouTube so zu laufen. ;-P

PROWL3R IS BACK

Seit mehr als einem Jahr hat er keine Videos mehr auf seinem Kanal gebracht. Heute meldet sich PROWL3R wieder zurück. „Ich hab irgendwie gemerkt, dass meine Videos nicht mehr das sind, womit ich angefangen habe, woran ich glaube, teilweise, was auch wirklich ich bin. Ich möchte mit diesem Neustart hier wirklich nochmal versuchen, von vorne YouTube zu beginnen – mit mir selbst, nicht mit irgendeiner Figur."

WEBVIDEOPREIS GEWINNER 2017

Größer denn je präsentiert sich dieses Jahr der Webvideopreis im ISS Dome in Düsseldorf. Letztes Jahr übergab man die Preise noch in einer großen Halle einer Schule, dieses Jahr zeichnet man die Gewinner sogar im Stadion der Eishockeymannschaft DEG aus. Und das sind die Preisträger:

BEAUTY:
Push Art
ARTHOUSE:
Sebastian Linda / Memento Mori
COMEDY:
Neo Magazin Royale / Every Second Counts
SOCIAL CAMPAIGN:
Friendly Fire 2 + Loot für die Welt 3 + #SaveSelous
LIVESTREAM:
MarmeladenOma
ORIGINAL SONG:
Die Lochis / Lieblingslied
SPORTS:
Kampfkunst Lifestyle
LIFESTYLE:
Kliemannsland
EDUCATION & SCIENCE:
TheSimpleClub
VLOG:
Felix von der Laden
NEWCOMER:
Y-Kollektiv
FOOD:
Sallys Welt
INTERACTIVE:
Julien Bam
COMMUNITY:
Julien Bam / Uns (2.000.000 Special)
GAMING:
tinNendo / Der geborene Landwirt
OPINION:
Melina Sophie / #TUTETWAS
360°:
Inside Auschwitz / WDR
JOURNALISM:
Tomatolix / Selbstexperiment
PERSON OF THE YEAR FEMALE:
Karolin Kebekus
PERSON OF THE YEAR MALE:
Felix von der Laden
MUSIC:
rezo / TheClavinover / So singt man wie ...
BEST VIDEO OF THE YEAR:
Wishlist
ANIMATION:
Kurzgesagt – In a Nutshell
SOCIAL INFLUENCER CAMPAIGN:
Julien Bam / Fanta
BRAND CAMPAIGN:
BVG / Alles Absicht

TRENDENDE HASHTAGS

2020

#bilou

Simops @unge

Hey @BibisBeauty ich hab' bilou splashy melon 🍉 in Minecraft gebaut, wie findest du es? 😄 #CastleRush

B i B i ♡ @BibisBeauty · 23. Mai 2016
Ich bin absolut begeistert, du solltest #bilou Produktdesigner werden 😋😄

#varo4

· 24. Dez. 2016
"Kann jetzt vielleicht mal einer sterben?" - @DelayLP , stirbt 2 Minuten danach. :D #varo4

#plantyoutuber

· 12. Feb. 2016
2 Bäume habe ich schon auf Madagaskar gepflanzt. Es werden und müssen noch mehr folgen. Eine tolle Aktion! :) #plantyoutuber #treesoflife

· 27. Jan. 2016
@MelinaSophie kuck mal deine community is einfach so krass😍👌 nur noch 14 Bäume bis zum Ziel😌😄👌😍 #Melinacorn

#pokemongo

ChrisTezz @ChrisTezz · 25. Juli 2016
Auf Mallorca ist das #pokemongo Paradies!
Beim Abendessen n' Relaxo gegönnt. Sheesh 😎🎉

Philipp Steuer @philippsteuer · 25. Juli 2016
Kann mir jemand sagen, wo ich ein Taubsi fangen kann? Fehlt mir noch. #PokemonGO

Simops @unge · 25. Juli 2016
Wenn ichs jetzt fange, bin ich dann noch vegan? #PokemonGO – bei Edeka Martens

#RIPBTTV

rewinside @rewinside · 17. Mai 2016
Jungs.. Ich habe euch so viel zu verdanken.. Ich kann die Entscheidung voll nachvollziehen (:
@manultzen @schweineboy
#RIPBTTV

müllte @malternativ · 17. Mai 2016
Freundschaft > Business #RIPBTTV

aron david @aronvloggt · 17. Mai 2016
#RIPBTTV was mach ich denn jetzt mit meinem "Alles Klar" Jutebeutel?

#LoveIsLove

Felix von der Laden @FelixLaden · 12. Juni 2016
Nach den schrecklichen Ereignissen ists schön zu sehen, dass #LoveIsLove trendet. Der richtige Weg um dem Hass dieser Welt entgegenzutreten!

16 17

#WVP

Floid @LeFloid · 4. Juni 2016
Generalprobe zum #WVP und ich sehe rot... Weil wegen dem Licht so... rot. Haha... Ha... instagram.com/p/BGO2KOPoPZj/

JC @JodieCalussi · 3. März
War von 5-6 wach weil ich aufgewacht bin und mich so erschrocken habe über meine #wvp Nominierung, dass ich nicht mehr einschlafen konnte.

#EhefuerAlle

Melissa @mlle_opossum · 30. Juni
Endlich zwei Hochzeitskleider für eine Hochzeit nähen! Congrats!
#Ehefueralle #loveislove

Pandorya @xPandorya · 30. Juni
#EheFuerAlle ist durch? JA JA UND NOCHMAL JA! Das wurde ja auch Zeit! *_*
#Loveislove #Happy

#RIPChristina :(

Hyeong-Joon Kim @JoonyKim91
Einer der ersten youtuber die ich geguckt habe...schrecklich was passiert ist...#RIPChristina

Koschta @Kostaaas ·
Habe gerade über Twitter gesehen, was es mit #RIPChristina auf sich hat
OMG... Was ist bloß falsch mit manchen Leuten :,(...

Melina Sophie @MelinaSophie ·
Ich wache auf & bin zutiefst getroffen. Ihre Videos habe ich als erstes geschaut & war immer begeistert von ihrem Talent. #RIPChristina

SO, GENUG VON UNSEREN WORTEN. WIRD ZEIT, DASS WIR MAL DIE YOUTUBER SELBST ZU WORT KOMMEN LASSEN. SIE LASSEN JETZT DIE LETZTEN BEIDEN JAHRE REVUE PASSIEREN UND ERZÄHLEN UNS, WIE SIE DIE DINGE SO GESEHEN HABEN.

DARKVIKTORY

WENN ES EINE #KOSTORY-PIZZA GÄBE, WELCHE ZUTATEN WÄREN DANN DRAUF, DIE ZU EUCH BEIDEN PASSEN?

Tomatensoße und Kirschtomaten auf beiden Seiten, dann eine klare Linie, wo Kostas seine Seite mit Zwiebeln und Oliven und gefühlt 1kg Extra-Salz belegt und ich meine mit Rucola und Peperoni und extra Pfeffer. Wir haben eine gemeinsame Grundlage, trotzdem sind wir beide grundlegend verschieden, weshalb wir uns aber auch nie langweilen oder anöden.

KOMMENTIERE DIESE DREI EREIGNISSE AUS UNSEREM BUCH:

JULI 2016: ULTRA GEILES YOUTUBE PROJEKT
Jerrie ist ein unglaublich kreativer Kerl, den ich für seinen Mut zur Einzigartigkeit bewundere, denn den haben heute in der deutschen YouTube-Landschaft nicht mehr viele. „20 Sekunden" ist eine verträumte und wunderschöne Idee, die definitiv inspiriert.

APRIL 2017: END DAS KREATIVE FANGESCHENK
Ich finde immer wieder heftig, wie viel künstlerisches Talent in den einzelnen Communities schlummert, welches sich dann oft in Formen von Zeichnungen, gebastelten oder sogar geschmiedeten Geschenken zeigt. Ich liebe es, dass YouTuber jungen Menschen Impulse geben können, die sie zu so kreativen Meisterleistungen inspirieren.

MAI 2017: RUNDFUNKANSTALT LÄSST PIETSMIETTV KEINE WIRKLICHE WAHL?
Ein Thema, das zeigt, dass wir ein unglaubliches Problem mit Bürokratie in Deutschland haben, die absolut altbacken und träge ist und schon lang nicht mehr mit der Schnelllebigkeit des Internets und der modernen Entwicklung mithalten kann. Erinnert mich ebenfalls an die ganzen 10-Hawk-Strafanzeigen, weil es in Deutschland kein Gesetz gibt, wie diese einzuordnen sind. Einfach nur lächerlich und arm, sich einem Fortschritt wie zum Beispiel dem Livestream mit verschränkten Armen in den Weg zu stellen, statt den Fehler in seiner eigenen Überholtheit und Trägheit zu suchen und so zu einer zeitgemäßen Lösung zu kommen.

WENN DU EINE SACHE AM YOUTUBE-ALGORITHMUS VERÄNDERN KÖNNTEST, WAS WÄRE ES?

Den neue Trend, große Kanäle weniger zu bevorzugen und kleine Kanäle zu pushen, begrüße ich sehr. Ich kann dieselben 10-20 Gesichter in den Trends einfach nicht mehr sehen und freue mich immer über frischen Wind, der Mut hat, anders zu sein, und eben kein Trend-Copycat ist, der seine eigene kreative Aufgabe nur darin sieht, zu schauen, auf welchen Trend er heute reagiert und sich dabei filmt.

WELCHE YOUTUBER HABEN DICH IN DEN LETZTEN BEIDEN JAHREN AM MEISTEN BEEINDRUCKT UND ÜBERRASCHT?

Positiv überrascht hat mich iBlali, der sich durch sein Team qualitativ einfach selbst in eine komplett andere Liga hochgeschossen hat. Sein Content war schon immer safe produziert, aber durch sein Team gab's einfach ein sehr erfrischendes level up! Ich bin natürlich auch super stolz auf Kostas, der seinen Kanal durch qualitativ super ausgearbeitete und hochwertige Formate eigentlich auf einen innovativen Standard gehoben hat, von dem sich gerade die Top-YouTuber Deutschlands mal 'ne Scheibe abschneiden könnten.

MEINST DU, ES GIBT EIN MAXIMUM AN ABONNENTEN, DAS EIN DEUTSCHER YOUTUBER ERREICHEN KANN ODER JEMALS ERREICHEN WIRD?

Ich weiß nicht. Früher dachte man, 4 Mio. wären unmöglich. Ich weiß nicht, ob es überhaupt erstrebenswert oder „gut" ist, dass die Abogrenze so ansteigt, denn so haben es Newcomer immer schwerer, wirklich hochzukommen. Die Schere zwischen Erfolg und Nicht-Erfolg wächst mit der Abozahl der Top 3 und Träume gehen damit unter, da die Ziellinie in immer weitere Entfernung verschoben wird, sodass junge Videocreator nie dort ankommen werden, wo sie eventuell mal hin möchten.

WENN DU DICH AUF DEINEM KANAL FÜR EIN „LIEBLINGSVIDEO 2016/17" ENTSCHEIDEN MÜSSTEST, WELCHES WÄRE ES?

„PARANOIA ... oder die ewige Angst vor Entschleunigung". Ich hab das Video in einer Zeit gemacht, in der es mir nicht gut ging, da YouTube mich kaputt gemacht hat. Dieses Video war für mich die Erkenntnis, dass YouTube und seine Schnelllebigkeit nicht meine Zukunft sind und ich nach der 3. Staffel #TubeClash einen Strich ziehen und nach London gehen werde, um mir neue Aufgaben zu suchen. Zu dem Zeitpunkt der Veröffentlichung wusste noch keiner, dass dieses Video mein mentaler Schlussstrich ist.

AUF WAS, DAS DU DIE LETZTEN BEIDEN JAHRE MIT YOUTUBE ERREICHT HAST, BIST DU BESONDERS STOLZ?

#FinalClash war ein wunderbarer Abschluss der #TubeClash-Reihe und die letzte Kinotour und besonders die Convention haben mir gezeigt, wie viele junge Leute wir erreichen konnten und was unsere Arbeit für eine Bedeutung für Einzelschicksale hatte und immer noch hat. Mit #TubeClash habe ich die Werte, an die ich glaube, in die Welt getragen und Leuten etwas mit auf den Weg geben können – und das ist etwas, was mich ziemlich zufrieden stimmt.

WELCHE INHALTE WÜRDEST DU DIR MEHR AUF YOUTUBE VERTRETEN WÜNSCHEN?

Mutige, einzigartige und kreative Ideen. Content, den man sich als Kind oder Jugendlicher selbst herbeigewünscht hätte. Meint ihr, ein erfolgreicher YouTuber saß als Kind da und dachte sich „Ach, gäbe es doch bloß jemanden, der sich dabei filmt, wie er Idiotentests macht oder auf Videos reagiert, die er nicht mal produziert hat"? Ich wollte als Kind Zeichentrick, Abenteuer, mir selbst Geschichten ausdenken und Ideen kreativ weiterspinnen, später wollte ich Drama, Serien, Bücher mit fantastischen Geschichten lesen. Natürlich sind Geschmäcker verschieden, aber wie man als YouTuber so wenig Anspruch an sich selbst und seine Arbeit besitzen kann, wie es bei einigen der Meistabonnierten der Fall ist, wird nie in meinen Kopf gehen. Darauf könnte ich nie stolz sein.

WIE BEWERTEST DU NEUE TRENDS BZW. WIE BEWUSST LÄSST DU DICH VON IHNEN BEEINFLUSSEN UND LEITEN?

Ich beobachte und analysiere sie. Sie entmutigen und frustrieren mich, denn wo sie auftauchen, stirbt die Kreativität auf YouTube, da gefühlt jeder YouTuber ihnen nachrennt, um auf der Hype-Welle eines neuen Trends wenigstens noch ein paar Clicks mitzunehmen und im besten Fall auf der Trend-Seite zu landen. Etwas Uninspirierteres gibt es nicht.

WAS WAR IN DEN LETZTEN BEIDEN JAHREN DEIN INTERESSANTESTES ZUSCHAUER-ERLEBNIS?

Die #TubeClash-Convention war unglaublich! Wir hatten einen eigenen Cosplay-Wettbewerb, für den einige Zuschauer Tage an den Kostümen ihrer Lieblingsfiguren saßen, die ich irgendwann mal so gezeichnet habe. Zu sehen, wie eine Zeichnung von dir durch Fans deiner Arbeit zum Leben erweckt wird, ist ein unglaublich seltsames, aber zugleich wunderbares Gefühl, da man die geteilte Leidenschaft für ein und dasselbe förmlich spürt.

WENN YOUTUBER IHRE FANS BEEINFLUSSEN & „MANIPULIEREN", IST DAS GESCHREI GROSS. WENN EIN KONZERN DAS MACHT, DANN IST ES VERGLEICHSWEISE RUHIG. WARUM?

Weil wir in einer Welt der Doppelmoral leben und wir uns derer nicht mal bewusst sind. Wir wollen uns nicht von dem Gedanken des authentischen YouTubers verabschieden, der in seinem Kinderzimmer mit seiner selbst ersparten Kamera einfach nur total naiv sein Leben mit uns teilt. Wir wollen nicht sehen, dass er das aus Profitgier oder zumindest Erfolgswunsch macht, da das die Illusion des persönlichen Freundes kaputt macht. Daher gibt es meist nur zwei Arten von Reaktionen auf die offensichtliche Manipulation: Treue, in der wir bekunden, immer noch der beste Freund des YouTubers zu sein und alles zu tun, was ihn glücklich macht, da wir der Überzeugung sind, dieser Freund würde uns nie absichtlich schaden – und Hass. Hass derer, die die Manipulation erkennen und wütend sind, dass diese Authentizität nur eine falsche Fassade ist, die wiederum die nicht durchschauen (wollen), die dem YouTuber immer noch aus der Hand fressen. Es ist ein Kampf der Überlegenheitsgefühle. Auf der einen Seite die, die sich überlegen fühlen, weil sie den YouTuber vermeintlich besser kennen und annehmen zu wissen, dass er ihnen nie etwas Böses wollen würde – auf der anderen Seite die, die sich intellektuell überlegen fühlen, weil sie die Manipulation durchschauen. Bei Firmen oder Konzernen herrscht diese falsche, meist blinde Treue oder Gutgläubigkeit nicht, weshalb sich alle relativ einig sind: Ja, der Konzern lügt und manipuliert um Geld zu verdienen, ABER ich entscheide immer noch selbst, ob ich ihm mein Geld gebe. Kurz: Die emotionale Bindung wie die vom Zuschauer zum YouTuber fehlt und die Manipulation wird daher, denke ich, nicht als so schwerwiegend betrachtet, da der Konzern so auch nicht in dem Maße emotionalen Druck ausüben kann wie ein YouTuber.

DIE LOCHIS

WENN IHR NEUE MENSCHEN/FREUNDE KENNENLERNT, WELCHE EIGENSCHAFTEN SIND EUCH HEUTE AM WICHTIGSTEN?

Uns ist Ehrlichkeit total wichtig, eine positive Ausstrahlung und natürlich auch ein bisschen Verrücktheit / Crazyness ! Wir sind beide super positive, durchgedrehte und ehrliche menschen und das sind auch Eigenschaften die wir von unseren Freunden erwarten. Man muss sich verstehen und auf einer Wellenlänge sein, aber sich auch mal ernste Dinge ins Gesicht sagen können. Das finden wir super wichtig.

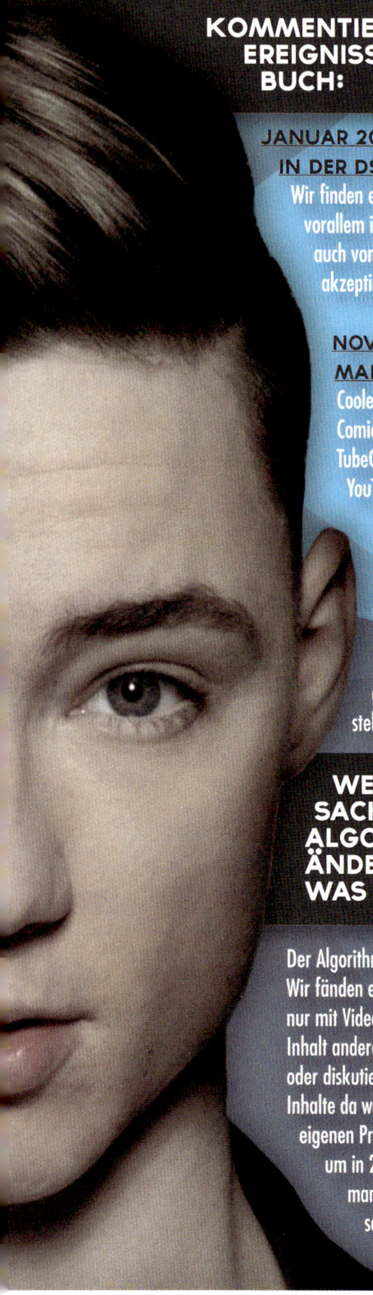

KOMMENTIERT DIESE DREI EREIGNISSE AUS UNSEREM BUCH:

JANUAR 2017: ERSTE YOUTUBERIN IN DER DSDS-JURY:
Wir finden es an sich gut, dass Künstler, die vorallem im Internet statt finden, mehr und mehr auch von den herkömmlichen Medien wie TV akzeptiert werden – cool!

NOVEMBER 2016: DAS LETZTE MAL TUBECLASH:
Coole Idee! Seine Kollegen und sich selbst als Comic zu sehen & dazu kommt noch, dass TubeClash diverse Fans unterschiedlicher YouTuber verbindet.

NOV 2016: DIE LOCHIS TEIL DER IGNITION:
YEAH – Start der Symphoniker Edition unseres Albums #zwilling und eine mega geile Erfahrung mit einem ganzen Orchester auf der Bühne zu stehen. Mega nice!

WENN IHR EINE SACHE AM YOUTUBE-ALGORITHMUS VERÄNDERN KÖNNTET, WAS WÄRE ES?

Der Algorithmus ändert sich ja eh ständig, haha. Wir fänden es aber geil, wenn die Startseite nicht nur mit Videos gefüllt wäre, die eigentlich nur den Inhalt anderer YouTuber und Künstler runtermachen oder diskutieren, sondern einfach mehr eigene Inhalte da wären! YouTube ist dafür gemacht, seine eigenen Projekte Zuschauern zu zeigen und nicht um in 20 Videos darüber zu diskutieren ob man ein Video gut, schlecht oder besonders schlecht findet. Mehr Kreativität und echte Inhalte! :)

MEINT IHR, ES GIBT EIN MAXIMUM AN ABONNENTEN, DAS EIN DEUTSCHER YOUTUBER ERREICHEN KANN ODER JEMALS ERREICHEN WIRD?

Puuh, das ist ganz schwer zu sagen. Es schauen immer mehr Leute YouTube-Videos – vor 5 oder 6 Jahren hat man gedacht, die Million ist schon mega schwer zu erreichen, jetzt knacken einige Channels schon die 4 Millionen Marke in Deutschland. Wir lassen uns einfach mal überraschen und schauen was noch so kommt und wo sich die Plattform hin entwickelt. Am Ende ist YouTube ja auch „nur" eine Plattform, auf der Webvideos und Inhalte gezeigt werden, weswegen wir unsere Community auch immer wieder daran erinnern wollen, dass YouTube keine „Subkultur" ist, sondern eine Plattform für Videos und Kreativität – genau so wie viele andere auch. Wir lassen's mal auf uns zukommen und werden sehen, wohin die Reise noch geht!

WENN IHR EUCH AUF EUREM KANAL FÜR EIN „LIEBLINGSVIDEO2016/17" ENTSCHEIDEN MÜSSTET, WELCHES WÄRE ES?

Auch eine mega schwere Frage – es gab so viele Meilensteine innerhalb des letzten Jahres, da ist es schwer sich auf einen Festzulegen. Wir haben mega geile Tourvideos von der #zwillingtour im Winter, aber auch von der Akustiktour im Sommer, wir haben Musikvideos im letzten Jahr, die für uns auch absolute Highlights waren und unser Jahr 2016/17 geprägt haben.

HEIKO: Also für mich auf jeden Fall das Musikvideo zu HEIMWEH – das ist ja kein klassisches Musikvideo, sondern ein zusammenschnitt aus so vielen Momenten von 2016, von Sommer-Konzerten, dem Release von #zwilling und dem ganzen Wahnsinn, den wir 2016 erleben durften!

ROMAN: Also mein Highlight war das Video von unserer #zwillingtour aus Hamburg und Berlin, in dem haben wir die Goldene Kamera in der Kategorie „Musik" von unserer Oma und Cousine auf der BÜHNE (!!) überreicht bekommen, ohne vorher irgendwas zu wissen. Das war mega krass für uns!

AUF WAS, DAS IHR IN DEN LETZTEN BEIDEN JAHREN MIT YOUTUBE ERREICHT HABT, SEID IHR BESONDERS STOLZ?

Stolz ist eigentlich das falsche Wort – wir sind extrem glücklich, dass wir mittlerweile sogar ein Album auf Platz 1 der Charts hatten, was nun auf bestem Wege ist, nach Österreich auch in Deutschland gold zu gehen, eine riesige Tour mit 32 Konzerten und danach noch eine ausverkaufte Tour gespielt zu haben, insgesamt über 100.000 Konzertbesucher in den letzten 12 Monaten live gesehen zu haben und das alles, weil wir mit 11 Jahren Bock hatten, YouTube-Videos zu machen und dran geblieben sind! Und all das durch und mit unserem YouTube-Channel verwirklichen zu können ist

HEIKO & ROMAN

einfach ein mega tolles Gefühl! Wir haben auch ein echt gutes Team, was uns unterstützt und dem wir hier auch nochmal persönlich DANKEN müssen, denn all das wäre ohne sie überhaupt nicht möglich gewesen – Christian Behrens, dem Geschäftsführer unserer Agentur – außerdem ein richtiger Rockstar; Bea, die uns jeden Tag die Steine aus dem Weg räumt; unserem Label Department Musik; Meistersinger Konzerte als Booking Agentur, den Quarterheads – unserem Produzenten-Team – und so vielen anderen Leuten! Danke!

WIE BEWERTET IHR NEUE TRENDS BZW. WIE BEWUSST LASST IHR EUCH VON IHNEN „BEEINFLUSSEN" UND LEITEN?

Wir checken natürlich immer mal, was gerade neue Trends sind, was gerade auf der Startseite passiert usw. Aber wir machen unser Ding – wir machen die Videos, auf die wir Bock haben und wenn es mal passt mit den Trends – cool. Wenn nicht, dann halt nicht. Wir wollen auch keine Videos machen, allein um einem Trend zu folgen und auf der „Welle mitzuschwimmen", denn solche Sachen halten nicht lang. Wir wollen Content machen, hinter dem wir noch in 5 oder 10 Jahren stehen und uns dann nicht fragen – was war das eigentlich noch mal für ein komischer Trend? Weiß ich gar nicht mehr…

WELCHE INHALTE WÜRDET IHR EUCH MEHR AUF YOUTUBE VERTRETEN WÜNSCHEN?

Eigentlich gibt es alles, was man sich wünschen würde. Es gibt so viele unfassbar gute Videos, Projekte und Channels auf YouTube und generell im Internet, dass man sich eigentlich gar nicht mehr vieles wünschen kann. Viele Sachen bekommen leider nicht solch große Aufmerksamkeit wie man ihnen wünschen würde.

WENN YOUTUBER IHRE FANS BEEINFLUSSEN & „MANIPULIEREN", IST DAS GESCHREI GROSS. WENN EIN KONZERN DAS MACHT, DANN IST ES VERGLEICHSWEISE RUHIG. WARUM?

Influencer sind Menschen, die authentischen Content als Person machen, große Konzerne sind das nicht. Aber auch das wort „Manipulation" ist so eine Sache – mittlerweile (und eigentlich schon immer) machen fast alle Personen des öffentlichen Interesses Werbung, ob auf Plakaten, in Fernseh-Spots oder eben auf Social Media, auch auf YouTube. Der Teufelskreis auf YouTube ist ja der, dass die YouTube-Einnahmen immer weiter runter gehen, man also mit Videos immer weniger Geld verdient, aber der Anspruch der Zuschauer, was Qualität und Aufwand angeht, immer weiter hoch geht. Da finden wir es gut, wenn man als Künstler mit einer Marke arbeitet, die einem eben auch finanziell so hilft, dass man krassen Content in mega Qualität machen kann. Wie man das Ganze dann konzeptionell umsetzt, ist wieder eine andere Frage – da gibt's ja echt schlechte und echt gute Beispiele für.

WAS WAR IN DEN LETZTEN BEIDEN JAHREN EUER INTERESSANTESTES ZUSCHAUER-ERLEBNIS?

Oh man, auch eine mega schwierige Frage. Wir haben super viele Zuschauer-Momente gehabt, da wir auch extrem viele Zuschauer getroffen haben im letzten Jahr. Herausgestochen hat auf jeden Fall die Selfie Tour, bei der bspw. in Wien 6.000 Leute da waren und die U-Bahn kurz ausgefallen ist deswegen. Aber auch alle Konzerte der #zwillingtour, bei denen Fans teilweise schon um 5 Uhr morgens bei -5 Grad (das war in der Turbinenhalle Oberhausen) vor der Halle standen, um in die erste Reihe zu kommen. Krass war auch die Akustiktour im Mai zur Veröffentlichung von #zwilling18 – da waren wir extra in kleineren Locations, um eine intimere Stimmung und mehr Nähe zu den Fans zu bekommen und da sind alle Zuschauer echt einfach nur ausgerastet! Das war mega krass!

OSKAR

WENN DU EIN VIDEO MIT DNER MACHEN KÖNNTEST, WAS WÜRDEST DU MIT IHM DREHEN?

Am liebsten ein Reisevideo, sowas wie er in Island gemacht hat. Ich glaub das wäre cool!

WENN DU EINE SACHE AM YOUTUBE-ALGORITHMUS VERÄNDERN KÖNNTEST WAS WÄRE ES?

Früher war es so: Wenn man ein Video angesschaut hat, wurden einem unter diesem Video mehr Inhalte vom selben YouTube vorgeschlagen. Jetzt ist das völlig kreuz und quer, fände es super, wenn sie das wieder ändern.

WELCHE YOUTUBER HABEN DICH IN DEN LETZTEN BEIDEN JAHREN AM MEISTEN BEEINDRUCKT UND ÜBERRASCHT?

Die MarmeladenOma! Ist einfach ein super Konzept und macht Spaß, ihr zuzugucken. Durfte sie beim WVP 2017 persönlich sehen und sie ist eine wunderbare Omi :3

MEINST DU, ES GIBT EIN MAXIMUM AN ABONNENTEN, DAS EIN DEUTSCHER YOUTUBER ERREICHEN KANN ODER JEMALS ERREICHEN WIRD?

Meiner Meinung nach nicht wirklich. Hab aber das Gefühl, dass zurzeit kein YouTuber mehr über 10 Millionen kommt. Die, die wirklich 10 Mio. Abos haben, sind schon sehr lange auf YT dabei.

WENN DU DICH AUF DEINEM KANAL FÜR EIN „LIEBLINGSVIDEO 2016/17" ENTSCHEIDEN MÜSSTEST, WELCHES WÄRE ES?

Wahrscheinlich mein Video mit Unge/Simon. Das war so eine tolle Zeit, wir hatten wahnsinnig viel Spaß. Ich bin froh, es auf Video festgehalten und auf YouTube hochgeladen zu haben.

AUF WAS, DAS DU IN DEN LETZTEN BEIDEN JAHREN MIT YOUTUBE ERREICHT HAST, BIST DU BESONDERS STOLZ?

Meinen Playbutton. Es gibt viele, die sagen, ich hätte ihn nur wegen Unge/Simon bekommen, aber ich weiß: Das ist falsch. Der „unge-Push" kam, nachdem ich die 100k erreicht habe (ich glaub er hat mich bei genau 113.000 Abonnenten besucht).

WIE BEWERTEST DU NEUE TRENDS BZW. WIE BEWUSST LÄSST DU DICH VON IHNEN „BEEINFLUSSEN" UND LEITEN?

Manche find ich besser, manche schlechter.

WELCHE INHALTE WÜRDEST DU DIR MEHR AUF YOUTUBE VERTRETEN WÜNSCHEN?

Ich liebe Videos, in denen mit Holz gearbeitet wird. Das sieht einfach richtig faszinierend aus, haha. :D

WAS WAR IN DEN LETZTEN BEIDEN JAHREN DEIN INTERESSANTESTES ZUSCHAUER ERLEBNIS?

Jedes Treffen mit einem YouTuber. Ich bin so überrascht, wie wahnsinnig viele YouTuber mich kennen. Hätte ich niemals gedacht.

WENN YOUTUBER IHRE FANS BEEINFLUSSEN & „MANIPULIEREN", IST DAS GESCHREI GROSS. WENN EIN KONZERN DAS MACHT, DANN IST ES VERGLEICHSWEISE RUHIG. WARUM?

Sehr gute Frage – sehr schwierig zu beantworten. Ich glaube aber, das könnte daran liegen, dass man bei einem YouTuber wirklich eine Person hinter dem Kanal sieht, den man dann beschuldigen kann. Bei Konzernen sind das so viele verschiedene Leute, man weiß gar nicht, wem man die Schuld zuschreiben kann. ;D

REZO

WENN DIR JEMAND FÜR EIN EINZIGES VIDEO EIN UNBEGRENZTES BUDGET ZURVERFÜGUNG STELLEN WÜRDE, WAS WÜRDEST DU PRODUZIEREN?

Wahrscheinlich so ziemlich das Gleiche wie jetzt. Ich finde nicht, dass Videos besser werden, nur weil sie mit besseren Kameras oder mehr CGI (Anm.: Computeranimationen) umgesetzt werden.

WENN DU EINE SACHE AM YOUTUBE-ALGORITHMUS VERÄNDERN KÖNNTEST, WAS WÄRE ES?

Aktuell ist die Videolänge ein wichtiger Faktor. Videos, die nur 3-5 Minuten lang sind, kommen sehr schwer in die Trends. Dadurch unterstützt YouTube-Videos, die ihren Inhalt langweilig strecken. Das nervt mich, wenn ich YouTube gucke.

WELCHE YOUTUBER HABEN DICH IN DEN LETZTEN BEIDEN JAHREN AM MEISTEN BEEINDRUCKT UND ÜBERRASCHT?

Die MarmeladenOma. Ich habe ihren Kanal erst vor kurzem entdeckt und hätte mir nicht vorstellen können, wie schön ich ihre Streams finde. Zurecht hat sie den WVP 2017 erhalten.

MEINST DU, ES GIBT EIN MAXIMUM AN ABONNENTEN, DAS EIN DEUTSCHER YOUTUBER ERREICHEN KANN ODER JEMALS ERREICHEN WIRD?

Naja zum einen kommt ständig Zuschauer-Nachwuchs und zum anderen ist der deutschsprachige Raum recht groß. Daher glaube ich nicht, dass es ein festes Maximum gibt, sondern nur eine Abnahme der Geschwindigkeit, mit dem große YouTuber neue Abonnenten erhalten.

AUF WAS, DAS DU IN DEN LETZTEN BEIDEN JAHREN MIT YOUTUBE ERREICHT HAST, BIST DU BESONDERS STOLZ?

Ich habe den Kontakt zur Community gehalten, obwohl diese stark gewachsen ist. Das kommt nicht von alleine, da man sich aktiv Zeit nehmen muss, viele Nachrichten und Kommentare zu lesen, aber ich bin sehr froh und stolz, dass ich das nicht vernachlässigt habe.

WIE BEWERTEST DU NEUE TRENDS BZW. WIE BEWUSST LÄSST DU DICH VON IHNEN „BEEINFLUSSEN" UND LEITEN?

Kommt auf den Trend an. Manche finde ich lustig (z. B. Bibis Song), mit anderen kann ich wenig anfangen (z. B. Fidget Spinner). Wenn ich einen Trend selbst unterhaltsam finde, nehme ich das gerne ganz bewusst in ein Video auf.

WELCHE INHALTE WÜRDEST DU DIR MEHR AUF YOUTUBE VERTRETEN WÜNSCHEN?

Leidenschaftliche. Bei vielen YouTubern habe ich den Eindruck, dass sie die Videos auf eine Art und Weise machen, weil es entweder bei ihnen schon lange so „funktioniert", oder weil sie den Stil von anderen YouTubern nachmachen wollen. Es gibt zwar auch viele, bei denen ich die Leidenschaft und den Drang, sich auszudrücken, spüre, aber es könnte ruhig noch ein paar mehrvon dieser Sorte geben.

WAS WAR IN DEN LETZTEN BEIDEN JAHREN DEIN INTERESSANTESTES ZUSCHAUER-ERLEBNIS?

Es gab viele spannende Erlebnisse, egal ob in Form von Fanpost, Nachrichten, der Kommunikation während meines Streams oder Begegnungen im Real-Life. Jeder Mensch hat eine eigene Geschichte und eine eigene Sicht auf das, was ich mache. Diese Individualität finde ich super spannend.

WENN YOUTUBER IHRE FANS BEEINFLUSSEN & „MANIPULIEREN", IST DAS GESCHREI GROSS. WENN EIN KONZERN DAS MACHT, DANN IST ES VERGLEICHSWEISE RUHIG. WARUM?

Weil man beim Konzern davon ausgeht, dass es so ist. Die Intention der Gewinnmaximierung ist jedem im Grunde immer klar. Bei YouTubern gibt es jedoch auch Künstler, die nicht in erster Linie auf Geld abzielen. Man weiß also bei einem YouTuber erstmal nicht, was die Intentionen sind. Wenn man dann irgendwann herausfindet, dass ein YouTuber doch nicht aus Leidenschaft handelt, sondern aus Geldgeilheit, tut das natürlich weh. Das Geschrei ist also eher ein Ausdruck von Enttäuschung als von Entrüstung.

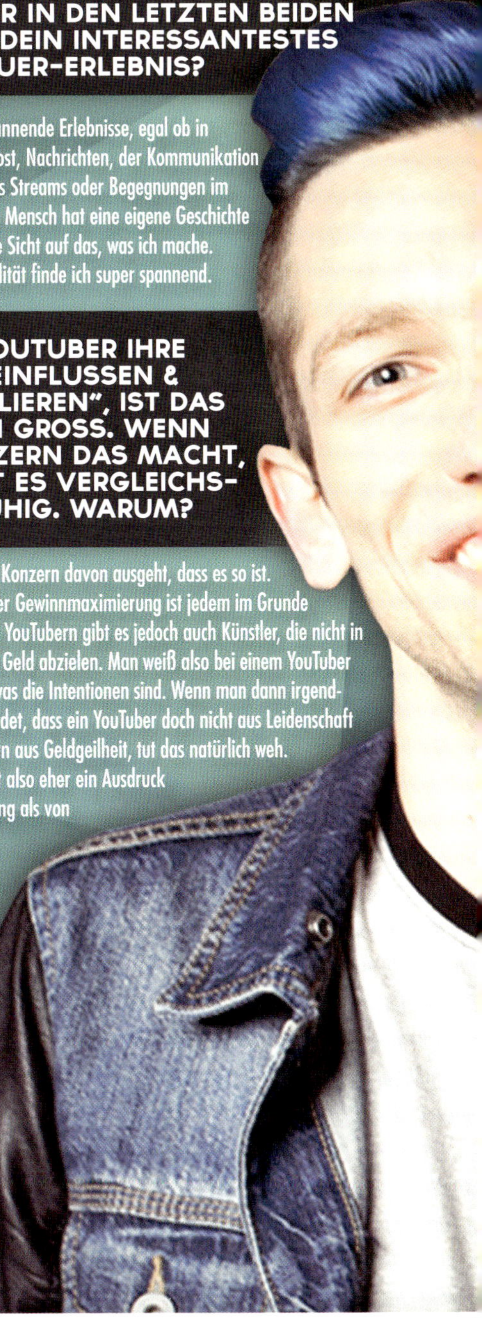

MIRELLATIVEGAL

WENN DU YOUTUBE SELBST EINE FRAGE STELLEN KÖNNTEST, DIE ZU 100% EHRLICH BEANTWORTET WERDEN WÜRDE, WAS WÜRDEST DU FRAGEN UND WARUM?

Wie funktioniert euer Algorithmus und warum schaffe ich es nicht auf die Trendseite? PLS HELP!

KOMMENTIERE DIESE DREI EREIGNISSE AUS UNSEREM BUCH:

JUNI 2016: YOUTUBE NEXTUP 2016 GEWINNER:
Super coole Gewinner! Als ich damals Nilam bei NextUp gesehen hab, war das einer der Gründe für mich, mit YouTube anzufangen.

MÄRZ 2017: MAMA VEGAS WIRD ÜBERRASCHT:
Da möchte ich auch sofort meine Mama abholen, mit ihr in ein Staatstheater fahren und sie auf der Bühne Ballett tanzen lassen.

OKTOBER 2016: 10 JAHRE KALTSPIEGEL:
10 Jahre – wir werden alt

WENN DU EINE SACHE AM YOUTUBE-ALGORITHMUS VERÄNDERN KÖNNTEST, WAS WÄRE ES?

Jedes mirellativegal-Video kommt in die Trends.

WELCHE YOUTUBER HABEN DICH DIE LETZTEN BEIDEN JAHRE AM MEISTEN BEEINDRUCKT UND ÜBERRASCHT?

Logan und Jake Paul. Man kann von ihnen halten was man will, aber sie haben eine ganz neue Art von Entertainment auf YouTube gebracht und arbeiten einfach sehr hart für ihren Erfolg.

MEINST DU, ES GIBT ES EIN MAXIMUM AN ABONNENTEN, DAS EIN DEUTSCHER YOUTUBER ERREICHEN KANN ODER JEMALS ERREICHEN WIRD?

Die Plattform wächst aktuell ja noch stetig, aber tatsächlich, wird irgendwann ei Sättigungspunkt erreicht werden. Wie es dann weitergeht werden wir sehen. Ich bin schon sehr gespannt!

WENN DU DICH AUF DEINEM KANAL FÜR EIN „LIEBLINGSVIDEO 2016/17" ENTSCHEIDEN MÜSSTEST, WELCHES WÄRE ES?

„Warum ich fett geworden bin". Bin ziemlich zufrieden damit, wie ich mit diesen Kommentaren umgegangen bin.

AUF WAS, DAS DU DIE LETZTEN BEIDEN JAHRE MIT YOUTUBE ERREICHT HAST, BIST DU BESONDERS STOLZ?

Ich konnte mir einen Lebenstraum erfüllen und Justin Timberlake treffen.

WIE BEWERTEST DU NEUE TRENDS BZW. WIE BEWUSST LÄSST DU DICH VON IHNEN „BEEINFLUSSEN" UND LEITEN?

Ich verfolge die Trends nebenbei und wenn ich etwas davon interessant oder ansprechend finde, dann mache ich auch bei einem Trend mit – oder mich darüber lustig.

WELCHE INHALTE WÜRDEST DU DIR MEHR AUF YOUTUBE VERTRETEN WÜNSCHEN?

Mehr Frauen, die authentisch sind und nicht der Norm entsprechen.

WAS WAR DIE LETZTEN BEIDEN JAHREN DEIN INTERESSANTESTES ZUSCHAUER-ERLEBNIS?

Irgendwo in Südamerika von Leuten angesprochen zu werden. Hat mich jedes Mal sehr überrascht.

WENN YOUTUBER IHRE FANS BEEINFLUSSEN & „MANIPULIEREN", IST DAS GESCHREI GROSS. WENN EIN KONZERN DAS MACHT, DANN IST ES VERGLEICHSWEISE RUHIG. WARUM?

YouTuber haben eine persönliche Bindung zu ihren Zuschauern. Daher wirken sie ganz anders als ein Konzern und bewegen sich auf einer weitaus persönlicheren, emotionaleren Ebene. Man identifiziert sich eben viel einfacher mit einer Person, die z. B. die gleichen Interessen hat, als mit einem Konzern, der nur eine Fassade darstellt.

BRADETV

WENN DU DIE WAHL HÄTTEST: WELCHE ZWEI YOUTUBER SOLLTEN AB MORGEN IHRE KANÄLE UND AUCH IHREN CONTENT TAUSCHEN?

Julien Bam und Bibi! Es tut mir leid für Julien, aber da Bibi das Musterbeispiel eines YouTubers ist (also für Leute, die sich nicht auskennen), sollte sie auch den besten Content haben, damit alle sehen, was YouTuber eigentlich wirklich drauf haben!

WENN DU EINE SACHE AM YOUTUBE-ALGORITHMUS VERÄNDERN KÖNNTEST, WAS WÄRE ES?

Ich würde endlich mal einen Mitarbeiter einstellen, der GUTEN CONTENT im Netz in die Trends setzt! Also weniger vom Algorithmus abhängig machen, der nur Zahlen und Klicks auswertet, sondern echte Menschen, die YouTube nach gutem Kram durchsuchen.

WELCHE YOUTUBER HABEN DICH IN DEN LETZTEN BEIDEN JAHREN AM MEISTEN BEEINDRUCKT UND ÜBERRASCHT?

Definitiv Julien Bam und Felix von der Laden! Bei beiden YouTubern hat man eine UNGLAUBLICHE Steigerung wahrgenommen und ich finde, das sollte bei jedem YouTuber mit 1 Mio. Abonnenten der Fall sein!

MEINST DU, ES GIBT EIN MAXIMUM AN ABONNENTEN, DAS EIN DEUTSCHER YOUTUBER ERREICHEN KANN ODER JEMALS ERREICHEN WIRD?

Viele Aussenstehende sagen immer, bald guckt keiner mehr YouTube, der Hype geht vorbei, aber das glaube ich nicht! Früher haben sich die Menschen Theaterstücke angeguckt, um sich unterhalten zu lassen, später kam dann das Fernsehen und jetzt ist es das Internet (YouTube), von dem sich die Menschen unterhalten lassen!

Klar wird es irgendwann mal was Neues geben, ABER HEY, sind wir mal ehrlich: Es gibt noch immer genügend Leute, die ins Theater gehen oder TV gucken, OBWOHL es schon längst „out ist".
Versteht ihr, was ich euch damit sagen will?! YouTube wird IMMER ein Medium für die Menschen sein, so wie das Theater und das Fernsehen!

AUF WAS, DAS DU IN DEN LETZTEN BEIDEN JAHREN MIT YOUTUBE ERREICHT HAST, BIST DU BESONDERS STOLZ?

Ich habe eine unfassbar tolle Zeit mit unfassbar tollen Menschen 2016/17 auf YouTube erlebt und habe mein Hobby zum Beruf gemacht. Ich glaube, das macht mit am meisten stolz!

WELCHE INHALTE WÜRDEST DU DIR MEHR AUF YOUTUBE VERTRETEN WÜNSCHEN?

Definitiv mehr Sketche! Wenn man dort auf einem hohen Niveau arbeitet, kann man für ganz YouTube einen viel besseren Ruf aufbauen!

WENN DU DICH AUF DEINEM KANAL FÜR EIN „LIEBLINGS-VIDEO 2016/17" ENTSCHEIDEN MÜSSTEST, WELCHES WÄRE ES?

Definitiv das Making-of für den TVSpot, in dem ich mitgespielt habe! Das ist für mich privat so eine unfassbare Erinnerung. Trotz harter Dreharbeiten am Set habe ich es irgendwie (fragt mich nicht, wie) geschafft, ein spannendes Making-of zu erschaffen, das den Zuschauer sehr gut hinter die Kulissen schauen lässt. Aber abgesehen davon sind alle meine „Arten von" -Videos meine Favoriten!

DANKSAGUNG

ELTERN PETER & CHRISTINE EGNER Danke, dass ihr mir in diesen 1,5 Jahren so viel wie möglich im Alltag abgenommen habt, damit dieses zeitintensive Buch überhaupt möglich geworden ist! Ich liebe euch, ihr seid unbezahlbar!

ONKEL & TANTE BARTL & MONIKA ENN Danke, dass ihr mir die Möglichkeit gegeben habt, StarsTube 2014 ins Leben zu rufen, mir mit Rat & Tat zur Seite gestanden habt und nur das Beste für mich wollt.

ELLEN ♡ Du hast Unglaubliches geleistet, um mich in Phasen der Verzweiflung wieder aufzubauen, und hast nie auch nur eine Sekunde nicht an mich & das Projekt geglaubt, sondern sogar selbst Hand angelegt. Danke, dass dein Dasein mir immer zeigt, wofür ich das Ganze mache!

NICOL P. Danke, dass du trotz meiner leider stark begrenzten Zeit zur StarsTube-Entstehung NIE aufgehört hast mich zu unterstützen und mich mit deinen wertvollen kleinen & großen Gesten immer wieder motiviert hast. I mean, wie geil ist bitte eine StarsTube-Jubiläums-Torte?

NICOL MAKULA Danke, dass du mich mit deinem InDesign-Know-How technisch so weitreichend unterstützt hast. #indesignwareinjoke

MARIO TIEDEMANN Danke für dein Mentoring! Deine Impulse haben uns inspiriert, dieses Projekt überhaupt umzusetzen. :)

IN GEDENKEN AN OLIVER

HIERMIT LÖSE ICH MEIN VERSPRECHEN EIN.
DU WEISST, WOFÜR.

BILDNACHWEIS

u. = unten, o.= oben, M. = Mitte, o.r. = oben rechts, o.l. = oben links,
u.r. = unten rechts, u.l. = unten links, M.r. = Mitte rechts, M.l. = Mitte links

Cover-Abbildungen mit freundlicher Genehmigung von (alphabetische Reihenfolge) ©: AlexiBexi, ApeCrime / SALLYHATESWING.de, BradeTv, darkviktory, dieLochis, Emrah !, Freshtorge, iBlali, Jodie Calussi, JONAS, Joyce Ilg / Chris Halb12, MarmeladenOma, Melina Sophie, Michael Buchinger / ProSiebenSat1Puls4, mirrellativegal / Kiefer Tauchmann, rezo

Alle Abbildungen, wenn nicht anders vermerkt, mit freundlicher Genehmigung der Kanalinhaber / YouTuber (alphabetische Reihenfolge) ©: #OMG Sketch-Comedy, AbisZett, Ado Kojo, Aganty (Fynn Kliemann), Alessandro C., Alexander Straub, AlexiBexi, AlexV, Ambre Vallet, Andreas Dutter (brivido libro), AnKat (Katharina Damm), annalaurakummer, Annikazion, ApeCrime, Applewar Pictures (Applewar), Arman!, Artur (Art The Bird), Auf Klo, AviveHD, B.A., Ben, BongoBoulevard, BradeTv, BreedingUnicorns, Camera Cave, Ceddotalk, Celina Blogsta, Cheng Loew, Chon-Dat Nguyen (Chili Chopstickz), ChrisCross, Chrisi (ItsChrisiTV), TheChrisTezzShow (ChrisTezz), CrispyRob, Dagi Bee, darkviktory (TubeClash), De Changeman, Der Hardi, der_hacki, derTomekk Redaktion, Diana zur Löwen, Dias, dieFrickelbude, dieLochis, Die Meeries (Chan), dierumpelkiste, DieseNina (Nina Kutschera), dillan white. (Dillan Inn), Dima, Doktor Allwissend, Filmlounge (Dominik Porschen), DominoKati, Dounia Slimani, Eiterbeule, Ella TheBee, Elliott Tender (Andre Teilzeit), Emrah !, Enisa (ENGOXY), extra 3 / NDR, Falco, Felix von der Laden, Fewjar, Flo (FloVloggt), follow me.reports, fraeuleinchaos, freekickerz, Freshtorge, funk, Fynn Kliemann, Gaffi, Gniechel, GommeHD, Gong Bao, Grieschistudios, Gusi, Guten Morgen, Internet!, Hello Chrissy, HerrNewstime, Hilgu, Homenest, Honigball, Hülytopia, I'mJette, iBlali, Ilona Nurow, inscope21, Isabeau, ItsColeslaw, izzi, JANAklar, janasworld, Jarow, Jerrie (JerriesBlog), Jodie Calussi, JokaH Tululu, Jolina Mennen, Jonas Ems (JONAS), Joon Kim, Joyce Ilg, junggesellen, justCaan, justin, JustNate, KAYEFTV, Kelly MissesVlog, Kirkity, Klein aber Hannah (Klein aber Video Agentur), kleinTanne, klicksafegermany, Kliemannsland, KostasKind, Krappi-Whatelse, KROKO, KuchenTV, Kurono, Leandro Palme, LeFloid, Lena Vanille, LiDiRo, LIONTTV, LPmitKev, LukiTime, mabacherTV, Malternativ, Malwanne, manniac, Manu Thiele, MarcelScorpion, MarmeladenOma, Marspet, Marti Fischer (TheClavinover), MARTIN SCHENGEL, Martina, MasterJam, mein essen ist veg (Aron David), Mein Vorbild (Hamed Chaudhry), Melina Sophie, Mibu, Michael Buchinger, Michi Leber, Michi Shaw, Mii Mii, minusduude, mirellativegal, MissKokus, Moritz Garth, MrTrashpack, MrWissen2go, MunichFlash, MylittleMoments (Danisworld), Nela Lee, NEO MAGAZIN ROYALE / ZDF, Nerdfactory (mrCululu), Markant (Nexttastic), Nia, NichtDieMama87, Nihan, NinaJasmin, NoobtownMonkeys, Nyonya Cooking (Grace), OPEN MIND, Oskar, OSSI. GLOSSY, Pachuco, Paluten, Paola Maria, Petrit, Philipp Steuer, PietSmiet, PROWL3R, Rayk Anders, Raze-T, RedeFabrik - Kommunikation & Rhetorik, rethinknation, rewinside, Reyst, rezo, RobBubble, Rotpilz, Ryole, SandyDynamite, Sarah Sorceress, Sarazar, SASCHA, Schinken Brothers, Shirin David, Silvi Carlsson, Snoozzze, SoBehindert, sophiedoesrandomstuff (Soja), SooGehts, Stephan Gerick, Steve Heng, Studio71, StarsTube Sarah (Sarah Egner), Sturmwaffel, Suzie Grime, Svenja Says, T7pro (Vi-Dan Tran, Shawn Bu), SwissTubers / Smileypeacefun, TabooTV, TheDailyWolfs (Daily-MandT), Trashtastisch (Techtastisch), Terra X Lesch & Co., TheSimpleClub, Tolga Sert, tomatolix, Toni Pirosa, Topic, TutopolisTV, TvMixMax, Typisch Sissi, TZon4life, Ultralativ, Unge, Vegas Films, VeniCraft, VideoDays / Divimove, ViktoriaSarina, VirisWelt, ViscaBarca, Was mit Fabian, Wishlist, World Wide Wohnzimmer, Zeo

Abbildungen mit freundlicher Genehmigung von ©: S. 29, M.l.: Viacom / Nickelodeon!; S. 29, o.l.: Viacom / Nickelodeon! (Dagi Bee); S. 40, M.l.: Social Movie Night; S. 45, u.l.: Tonhalle Düsseldorf / Susanne Diesner Fotografie; S. 49, M.r.: U-Play online (Youtubers Life); S. 52/53 M.: TubeOne; S. 56/57 Hintergrund: Webvideopreis / Christof Wolff, CC by NC; S. 58, o.l.: http://www.instagram.com/youtuber_elche; S. 77, M.l.: Alex Wörl, Marvin Ströter (dieLochis); S. 90, o.r.: Delia Baum (dieLochis); S. 96, o.l.: Alex Wörl, Marvin Ströter (dieLochis); S. 100, o.: Alex Wörl, Marvin Ströter (dieLochis); S. 113, M.l.: Alex Wörl, Marvin Ströter (dieLochis); S. 114, o.l.: Youlius Award; S. 132, l.o.: Felix Rachor (Shirin David); S. 133, r.u.: SWR (Verstehen Sie Spaß?); S. 136/138, M.: Ellen Keßler; S. 142, o.: Delia Baum (dieLochis); S. 144, M.l.: ZDF / David Weber (Terra X Lesch & Co.); S. 150/151: Delia Baum (dieLochis); S. 154: Studio 71 (Oskar), S. 157: Robert Fellner (Brade Tv)

dpa Picture-Alliance: S. 14, o.r.: picture alliance / Jörg Carstensen/dpa; Berlin, 10.05.2017: Sami Slimani, Verleihung der GQ Care Awards.
S. 15, o.: picture alliance / Ralf Succo / SuccoMedia; Berlin, 07.12.2016: Lamiya Slimani - Marcell von Berlin Popup Store.
S. 20, u.l.: picture alliance / Geisler-Fotopress; Berlin, 26.04.2017: Gronkh (Erik Range), Verleihung des Deutschen Computerspielpreises 2017 im WECC Westhafen Event & Convention Center.
S. 63, o.r.: picture alliance / ZB; Berlin, 14.04.2016: Bianca „Bibi" Heinicke und ihr Freund Julian „Julienco" Claßen, Eröffnung des Fitnessstudios „World of Cyberobics" am Alexanderplatz.
S. 66, o.l.: picture alliance / ZB; Berlin, 23.04.2013: Erik Range, alias Gronkh, Konferenz Deutsche Gamestage im Cafe Moskau.
S. 68, o.: picture alliance / dpa; Berlin, 30.04.2015: Bullshit TV, (l-r) Philipp „Phil" Meichsner, Sebastian „C-Bas" Meichsner und Christos „Chris" Manazidis, bei der Eröffnung des "YouTube Spaces" Studio.
S. 88, o.l.: picture alliance / dpa; Berlin, 29.09.2016: Kathrin Fricke, Vorstellung von „funk".
S. 108, u.r.: picture alliance / Geisler-Fotopress; Bochum, 03.12.2015: Julien Bam, Verleihung der 1LIVE Krone 2015 in der Jahrhunderthalle.
S. 110, u.l.: picture alliance / Fotostand; Berlin, 02.04.2017: Premiere ‚Die Schlümpfe - Das verlorene Dorf' mit Bianca ‚Bibi' Heinicke und Julian Classen.
S. 126, u.l.: picture alliance / Geisler-Fotopress; Berlin, 02.04.2017: Sami Slimani, Premiere des Kinofilms ‚Die Schlümpfe - Das verlorene Dorf' im Cinestar Sony Center.
S.135, o.r.: picture alliance / AAPimages / Lueders; Berlin, 26.04.2017: Gronkh (Erik Range), Verleihung des Deutschen Computerspielpreis im WECC Westhafen Event & Convention Center.
S. 142, u.r.: picture alliance / Jens Kalaene/dpa-Zentralbild/ZB; Berlin, 09.05.2017: Bianca „Bibi" Heinicke posiert im Madame Tussauds.
S. 145, u.: picture alliance / Jens Kalaene/dpa-Zentralbild/ZB; Berlin, 09.05.2017: Bianca „Bibi" Heinicke (r) posiert im Madame Tussauds neben ihrem Hologramm.

shutterstock:
S. 35 o.: drawforLife
S. 38 Hintergrund: Mangm srisukh stock photo
Polygone: Maxim Vetrov; 9peaks

Alle Marken und Produkte, die Erwähnung finden, werden lediglich im Rahmen der Berichterstattung angesprochen und sind keine bezahlten Platzierungen.